발 행 일	2019년 5월 30일 (1판 1쇄)
I S B N	978-89-8455-966-0 (13000)
정 가	13,000원
발 행 처	(주)아카데미소프트
발 행 인	유성천
주 소	경기도 파주시 정문로 588번길 24
대표전화	02)3463-5000
대표팩스	02)3463-0400
홈페이지	www.academysoft.co.kr

※ 이 책에 실린 독창적인 내용의 무단 전재, 복제는 저작권법에 저촉됩니다.

이런 내용으로 구성되어 있어요!

PART 01 인쇄 전용 요술종이

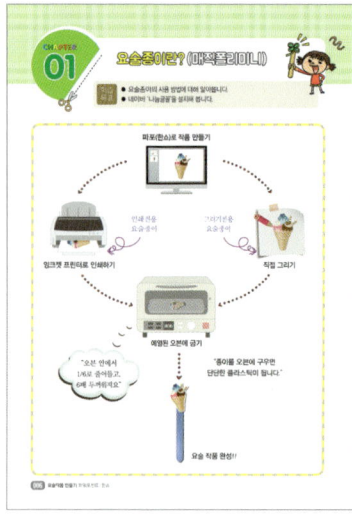

요술종이에 대해 알아보고, 작품 만들기에 필요한 준비물, 유의 사항, 인쇄 전용 요술종이 출력 방법 등을 체크합니다.

파워포인트/한쇼 프로그램으로 다양한 작품을 만들 수 있도록 구성했습니다.

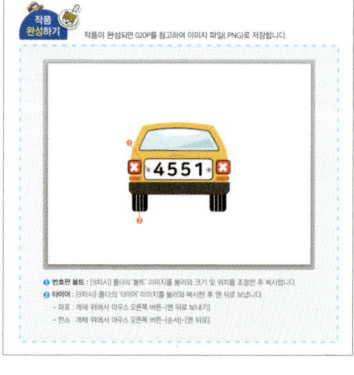

배운 기능을 활용하여 스스로 작품을 완성할 수 있도록 문제를 제공합니다.

PART 02 그리기 전용 요술종이

파워포인트/한쇼 프로그램으로 다양한 작품을 만들 수 있도록 구성했습니다.

배운 기능을 활용하여 스스로 작품을 완성할 수 있도록 문제를 제공합니다.

작품을 인쇄하지 않고도 뒤쪽 부록의 다양한 캐릭터 도안을 이용하여 피규어를 만들 수 있도록 구성했습니다.

CONTENTS 목차

PART 01

- 01 요술종이란? (매직폴리미니) • 006
- 02 인쇄 전용 요술종이 작품 만들기 • 010
- 03 프로그램의 기본 기능 익히기 • 015
- 04 캐릭터 반지 만들기 • 022
- 05 콜라콜라 휴대폰 고리 만들기 • 027
- 06 가니초콜릿 휴대폰 고리 만들기 • 032
- 07 신람현 자석 만들기 • 038
- 08 캡틴 고양이 브로치 만들기 • 044
- 09 자동차 번호판 키링 만들기 • 051
- 10 스노우볼 산타 만들기 • 058
- 11 스노우볼 트리 만들기 • 065
- 12 스노우볼 곰돌이 만들기 • 072
- 13 아이스크림 책갈피 만들기 • 083

PART 02

- 14 그리기 전용 요술종이 작품 만들기 • 094
- 15/16 스티비 피규어 만들기 • 098
- 17/18 진저맨 피규어 만들기 • 104
- 19/20 복숭아 피규어 만들기 • 110
- 21/22 강아지 피규어 만들기 • 116
- 23/24 장구 피규어 만들기 • 122

PART 01

Chapter 01 요술종이란? (매직폴리미니)
Chapter 02 인쇄 전용 요술종이 작품 만들기
Chapter 03 프로그램의 기본 기능 익히기
Chapter 04 캐릭터 반지 만들기
Chapter 05 콜라콜라 휴대폰 고리 만들기
Chapter 06 가니초콜릿 휴대폰 고리 만들기
Chapter 07 신람현 자석 만들기
Chapter 08 캡틴 고양이 브로치 만들기
Chapter 09 자동차 번호판 키링 만들기
Chapter 10 스노우볼 산타 만들기
Chapter 11 스노우볼 트리 만들기
Chapter 12 스노우볼 곰돌이 만들기
Chapter 13 아이스크림 책갈피 만들기

CHAPTER 01

요술종이란? (매직폴리미니)

학습 목표
- 요술종이의 사용 방법에 대해 알아봅니다.
- 네이버 '나눔글꼴'을 설치할 수 있습니다.

파포(한쇼)로 작품 만들기

인쇄전용 요술종이

그리기전용 요술종이

잉크젯 프린터로 인쇄하기

직접 그리기

예열된 오븐에 굽기

"오븐 안에서 1/6로 줄어들고, 6배 두꺼워져요"

"종이를 오븐에 구우면 단단한 플라스틱이 됩니다."

요술 작품 완성!!

요술종이(매직폴리미니) 알아보기

01 요술종이란(매직폴리미니)?

그림을 인쇄하거나 그린 후 오븐에 넣어 열을 가하면 1/6로 줄어들고, 6배 두꺼워지는 특수한 형태의 종이입니다. 현재 교재에서는 인쇄 전용 용지(잉크젯)와 그리기 전용 용지를 이용하여 작품을 만들도록 구성되어 있습니다.

02 요술작품 만들기 유의사항

02-1 공통 유의사항

① 오븐은 충분히 예열이 된 후 사용해야 합니다.

② 요술종이가 줄어들면서 색상이 진해지기 때문에 색상을 조금 연한 색으로 작업합니다.

③ 구워진 요술종이는 오븐의 온도와 열의 분포도에 따라 색상 및 비율이 조금씩 다를 수 있습니다.

④ 오븐이 아닌 헤어 드라이기, 전자렌지, 에어프라이어 등은 적합하지 않습니다.

⑤ 펀치로 구멍을 뚫는 공정이 있을 때는 먼저 구멍을 뚫은 후 오븐에 구워야 합니다.

⑥ 요술종이를 오릴 때는 여백을 남기고 오리는 것이 편리합니다. 또한 테두리 부분은 둥글게 오려서 마무리 합니다.

⑦ 구워진 플라스틱 작품을 투명 매니큐어 등으로 코팅하면 오래 보존할 수 있습니다.

02-2 PART 01 인쇄 전용 요술종이 유의 사항

① 반드시 **잉크젯 프린터**를 사용하며, 인쇄 전용 요술종이에만 인쇄할 수 있습니다.

② 작은 사이즈의 인쇄 전용 요술종이는 4~9차시 / 10~13차시로 나눠서 인쇄하여 작품을 만들 수 있도록 구성했습니다.

③ 프린터의 롤러를 청소하면 인쇄 전용 요술종이에 보다 선명하게 인쇄할 수 있습니다.

02-3 PART 02 그리기 전용 요술종이 유의 사항

① 채색 도구는 수채 색연필 보다는 유성 색연필이 번짐이 없기 때문에 작업에 적합합니다.

② 오븐에 구우면 색상이 진해지는 것을 감안하여 연한 색상으로 색칠하는 것이 좋습니다.

작품을 만들기 위한 준비물

준비물 ① : 기본제공 요술종이(매직폴리미니), 오븐(+호일)

요술종이는 인쇄 전용(잉크젯)과 그리기 전용이 있으며, 현재 교재에는 A4 절반 사이즈의 인쇄 전용 요술종이 2장과 A4 사이즈의 그리기 전용 요술종이 1장이 들어있습니다. 추가 종이는 "매직폴리미니(www.magicpolymini.com)" 에서 개별적으로 구매할 수 있습니다.

▲ 인쇄 전용 용지(잉크젯) 2장(A4 절반 사이즈)

▲ 그리기 전용 용지 1장(A4 사이즈)

▲ 미니 오븐

▲ 호일

준비물 ② : 다양한 부자재

교재와 똑같은 작품을 만들기 위한 재료입니다! 부자재는 "매직폴리미니(www.magicpolymini.com)" 또는 다양한 온라인/오프라인 쇼핑몰에서 구입할 수 있습니다!

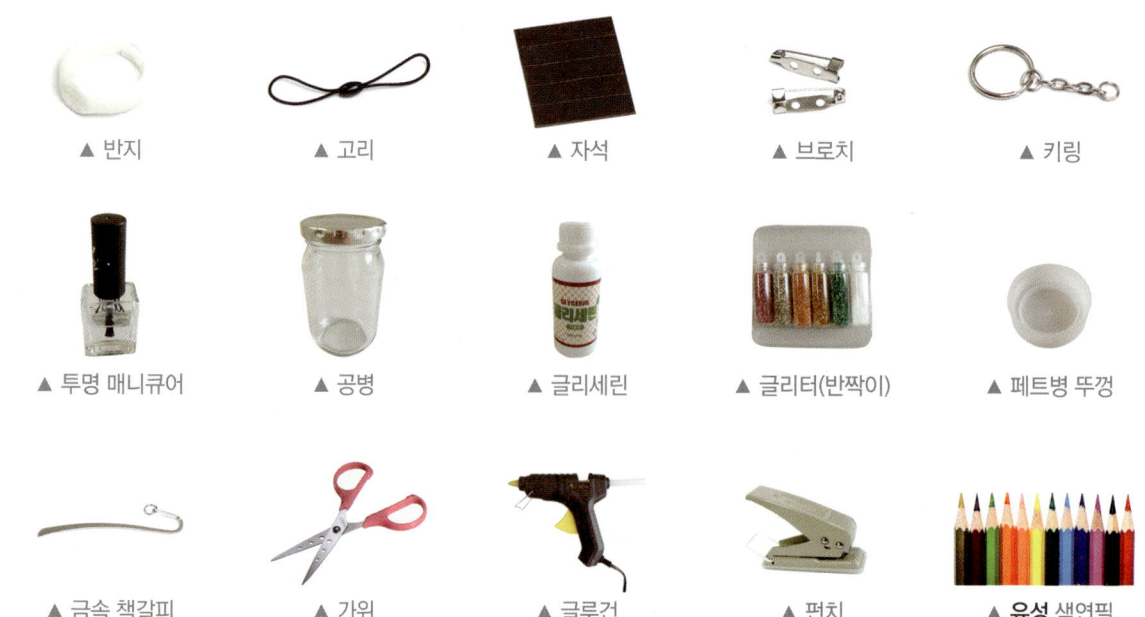

▲ 반지　▲ 고리　▲ 자석　▲ 브로치　▲ 키링

▲ 투명 매니큐어　▲ 공병　▲ 글리세린　▲ 글리터(반짝이)　▲ 페트병 뚜껑

▲ 금속 책갈피　▲ 가위　▲ 글루건　▲ 펀치　▲ **유성** 색연필

 **네이버 나눔글꼴 설치하기**

01 [불러올 파일] 폴더에서 '**네이버 나눔글꼴.exe**' 파일을 더블 클릭하여 실행합니다. [나눔글꼴 설치] 대화상자가 나오면 <다음> 단추를 클릭합니다.

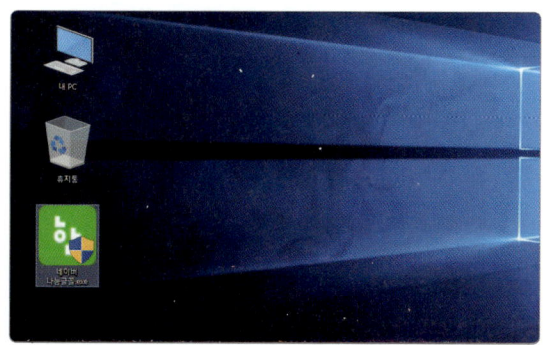 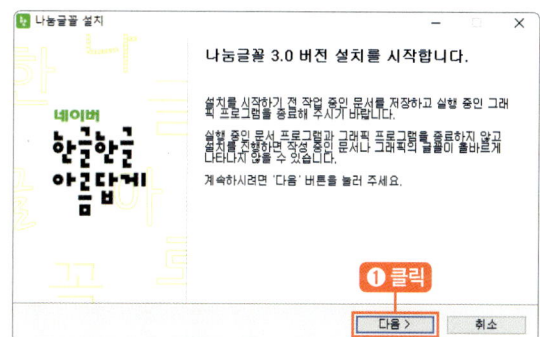

02 '설치하려는 글꼴 선택' 항목의 전체 체크 표시를 확인한 후 <설치> 단추를 클릭합니다. 설치가 완료되면 두 가지 항목의 체크 표시를 해제한 후 <마침> 단추를 클릭합니다.

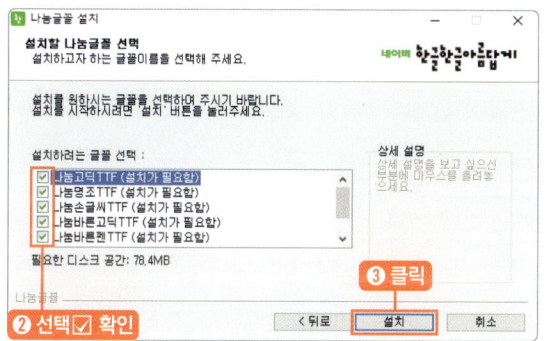 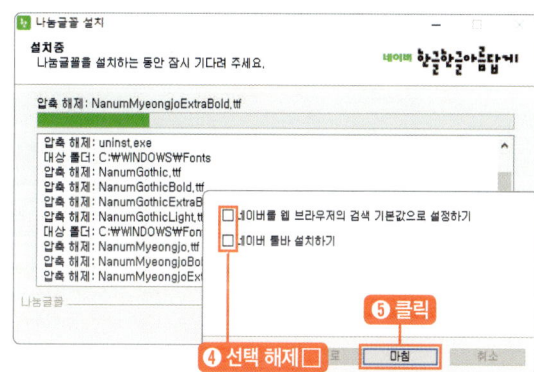

 **설치된 글꼴 확인하기**

01 시스템 환경에 따라 파워포인트 또는 한쇼 프로그램을 실행합니다. 이어서, '제목을 입력하십시오'의 테두리를 클릭한 후 [홈]-[글꼴]에서 나눔글꼴이 설치된 것을 확인할 수 있습니다.

※ 한쇼 : [서식]-[글자]

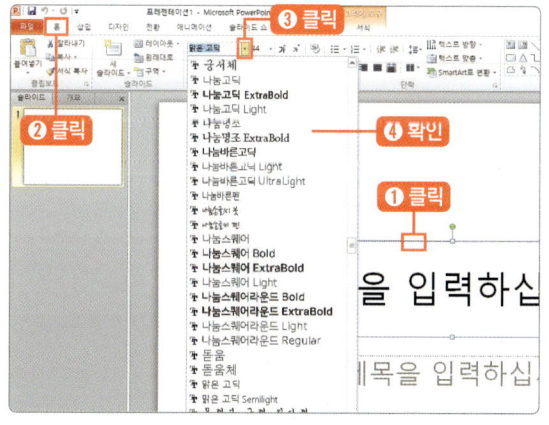 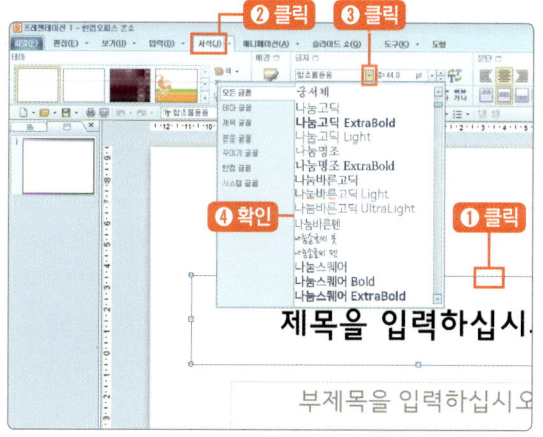

▲ 파워포인트   ▲ 한쇼

인쇄 전용 요술종이 작품 만들기

"4~9차시 파포(한쇼) 작품이 모두 완성(6개)되면
해당 차시를 참고하여 요술 작품을 만듭니다."

※ 10~13차시도 파포(한쇼) 작품이 모두 완성되면 동일한 방법으로 요술작품을 만듭니다.

 인쇄 레이아웃에 맞춰 4~9차시 작품(6개)을 삽입하기

01 한글 2010 프로그램을 실행한 후 [불러올 파일]-[2차시]-'인쇄레이아웃_4-9차시.hwp' 파일을 불러옵니다.

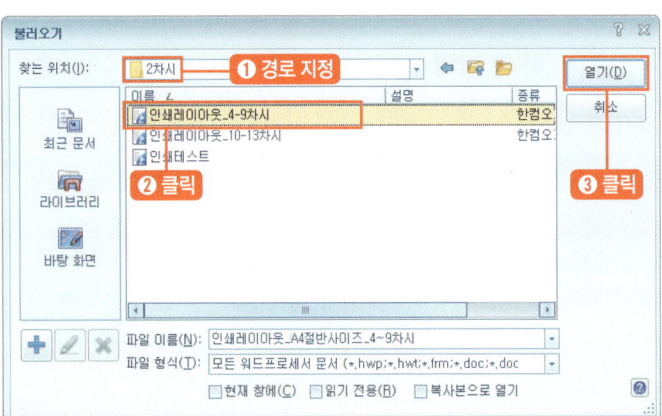

02 표 안쪽에 '캐릭터'가 입력된 셀을 클릭한 후 [입력]-[개체]-'그림'을 클릭합니다. [4차시]에서 작업하여 완성한 '캐릭터' 이미지(.PNG) 파일을 가져옵니다.

※ 문서에 포함을 제외한 나머지는 체크를 모두 해제합니다.

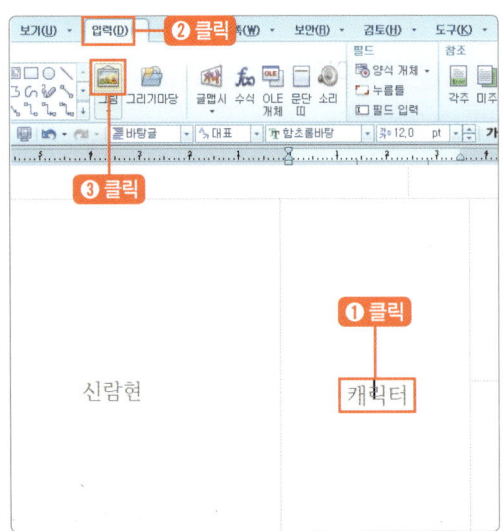
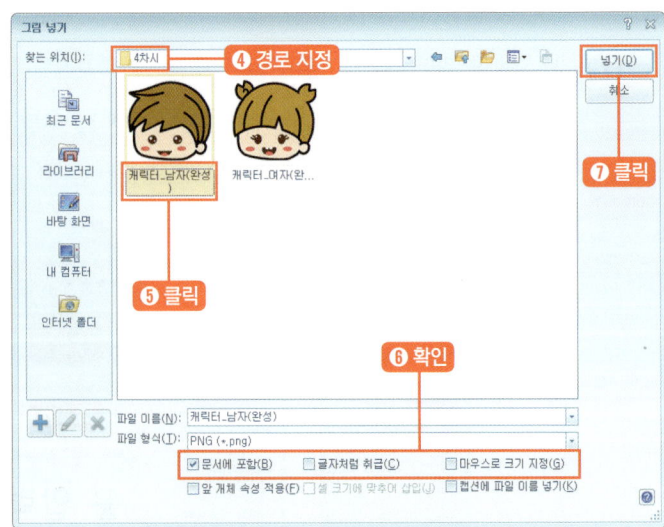

03 삽입된 '캐릭터' 이미지를 선택한 후 [그림]-[회전/대칭]-'개체 회전( )-오른쪽으로 90도 회전( )'을 클릭합니다. 이어서, 크기 및 위치를 조절합니다.

 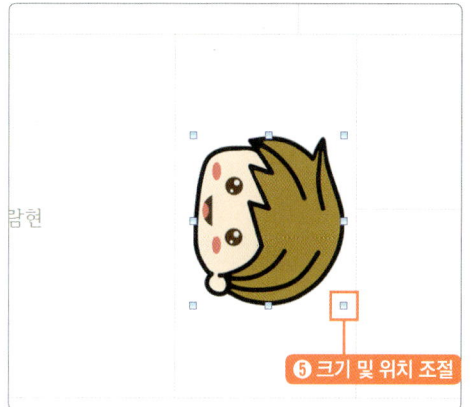

04 그림의 밝기를 조절하기 위해 [그림]-[속성]-[밝기( )]-밝게(+10%)를 클릭합니다. 이어서, 아래 그림을 참고하여 나머지 작품을 배치한 후 적당한 밝기로 변경합니다.

※ 오븐에 구우면 색상이 진해지는 것을 감안하여 미리 밝기를 조절하는 것이 좋습니다.

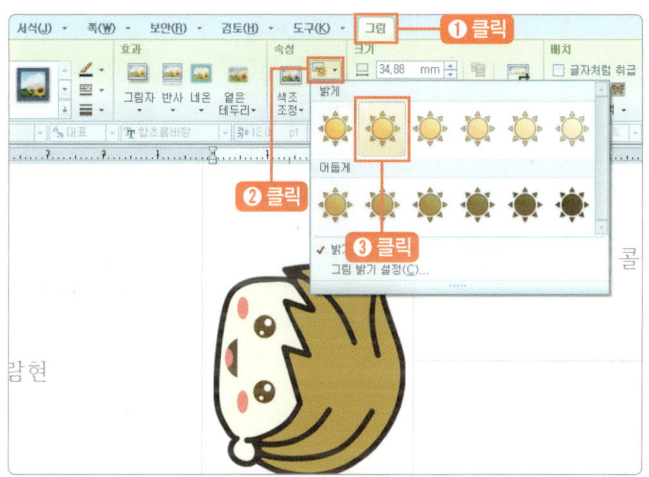 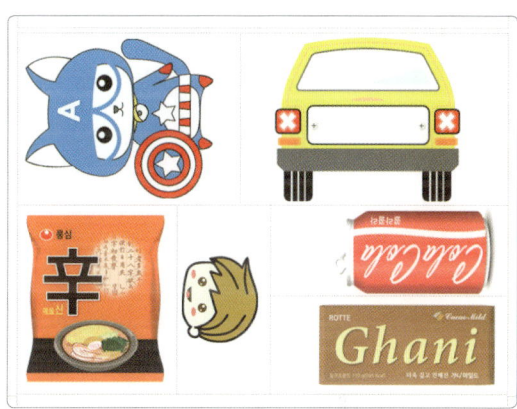

▲ 완성 파일을 참고하여 작품을 배치

TIP 자르기( ) 기능을 활용하기

한글 프로그램에서는 **Shift** 키를 누른 채 조절점을 드래그하면 마우스 커서가 로 변경되면서 그림을 자를 수 있습니다. 여백이 많은 작품 이미지는 자르기 기능을 이용하면 작품을 조금 더 크게 인쇄할 수 있습니다.

 **작업 2** 요술종이에 완성된 인쇄 레이아웃 파일을 인쇄한 후 작품 만들기

> **TIP** 　　　　　　　　　　　　　　**인쇄 테스트 방법**
>
> ① 프린터 기종에 따라 인쇄 방법이 다를 수 있으니 '인쇄 테스트.hwp' 파일을 이면지(일반 A4용지)에 인쇄하여 용지의 투입 방향을 테스트 하시기 바랍니다.
> ② 이면지를 이용하여 인쇄 방향을 테스트하는 이유는 요술종이를 일반 A4 용지 아래쪽에 붙여서 인쇄하기 때문입니다.
>
>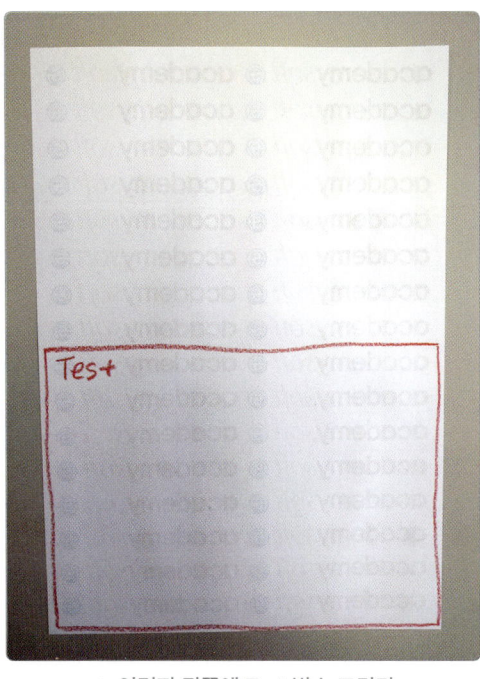
> ▲ 이면지 뒤쪽에 Test 박스 그리기　　　　　　▲ 인쇄 테스트 완료

01 이면지 A4 용지로 테스트 인쇄가 끝나면 실제 작품을 인쇄하기 위해 일반 A4 용지 아래쪽에 작은 사이즈의 인쇄 전용 요술종이를 테이프로 고정시킵니다.

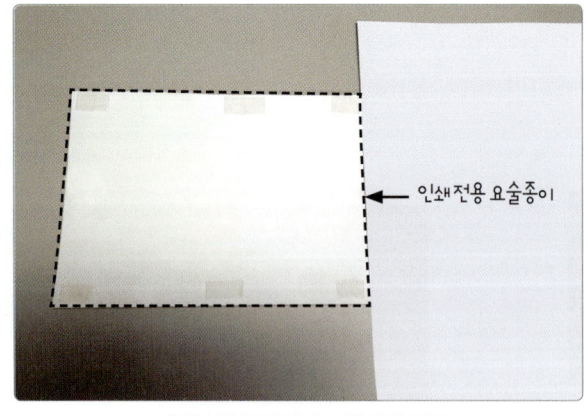 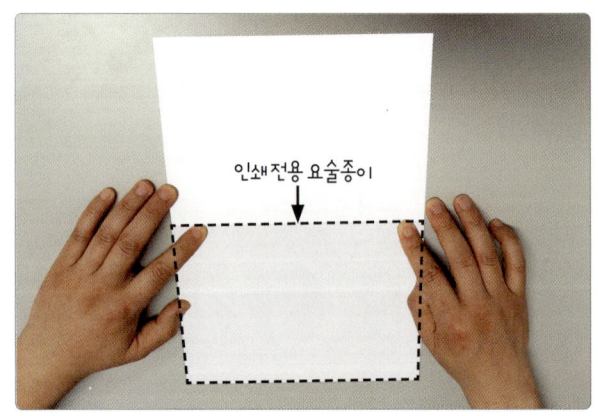
▲ 테이프를 말아서 요술종이에 붙이기　　　　　　▲ A4 용지 아래쪽에 요술종이 붙이기

03 삽입된 '캐릭터' 이미지를 선택한 후 [그림]-[회전/대칭]-'개체 회전( )-오른쪽으로 90도 회전( )'을 클릭합니다. 이어서, 크기 및 위치를 조절합니다.

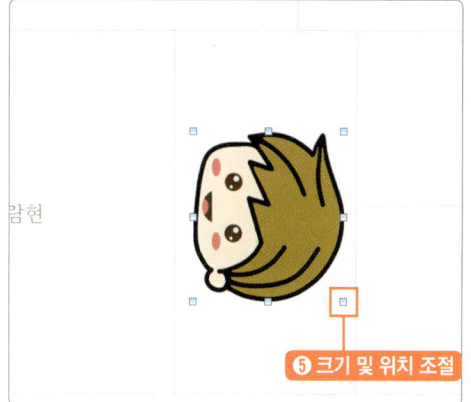

04 그림의 밝기를 조절하기 위해 [그림]-[속성]-[밝기( )]-밝게(+10%)를 클릭합니다. 이어서, 아래 그림을 참고하여 나머지 작품을 배치한 후 적당한 밝기로 변경합니다.

※ 오븐에 구우면 색상이 진해지는 것을 감안하여 미리 밝기를 조절하는 것이 좋습니다.

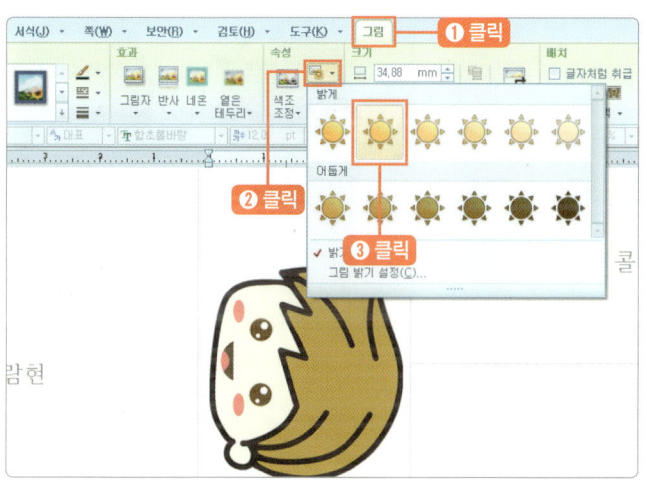

▲ 완성 파일을 참고하여 작품을 배치

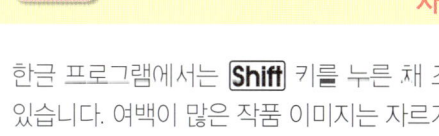

자르기( ) 기능을 활용하기

한글 프로그램에서는 **Shift** 키를 누른 채 조절점을 드래그하면 마우스 커서가 로 변경되면서 그림을 자를 수 있습니다. 여백이 많은 작품 이미지는 자르기 기능을 이용하면 작품을 조금 더 크게 인쇄할 수 있습니다.

작업 2 요술종이에 완성된 인쇄 레이아웃 파일을 인쇄한 후 작품 만들기

TIP 인쇄 테스트 방법

① 프린터 기종에 따라 인쇄 방법이 다를 수 있으니 '인쇄 테스트.hwp' 파일을 이면지(일반 A4용지)에 인쇄하여 용지의 투입 방향을 테스트 하시기 바랍니다.

② 이면지를 이용하여 인쇄 방향을 테스트하는 이유는 요술종이를 일반 A4 용지 아래쪽에 붙여서 인쇄하기 때문입니다.

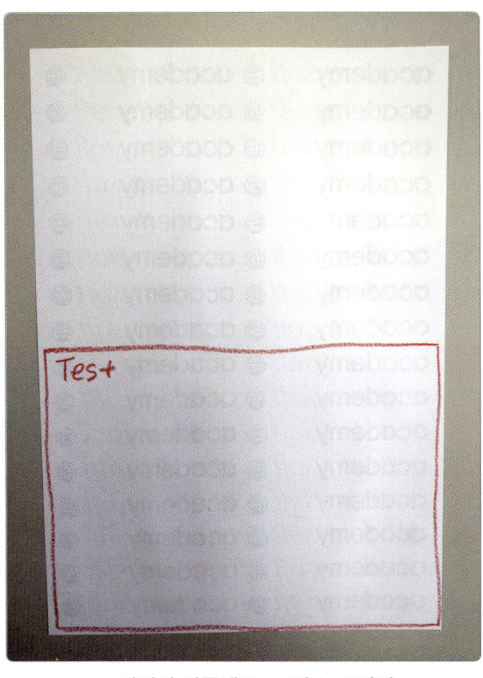

▲ 이면지 뒤쪽에 Test 박스 그리기

▲ 인쇄 테스트 완료

01 이면지 A4 용지로 테스트 인쇄가 끝나면 실제 작품을 인쇄하기 위해 일반 A4 용지 아래쪽에 작은 사이즈의 인쇄 전용 요술종이를 테이프로 고정시킵니다.

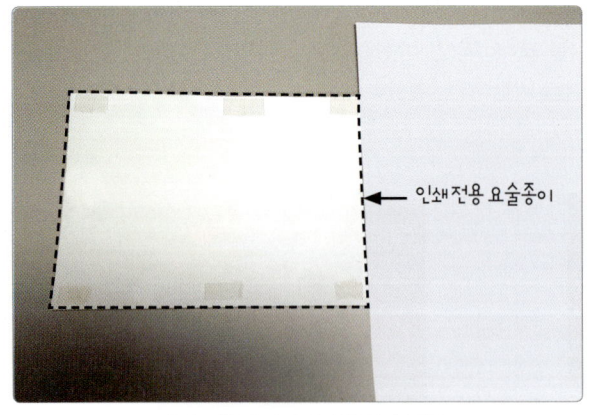

▲ 테이프를 말아서 요술종이에 붙이기

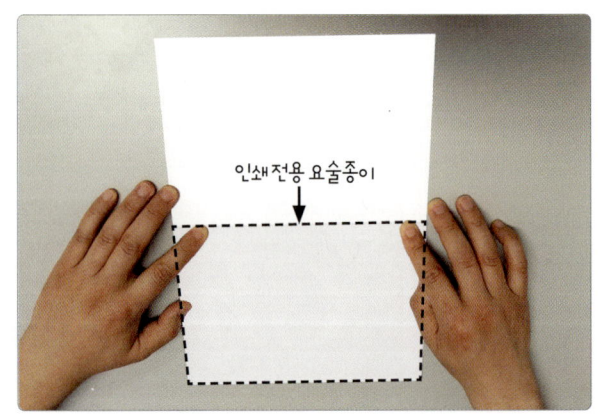

▲ A4 용지 아래쪽에 요술종이 붙이기

02 자신의 4~9차시 파포(한쇼) 작품이 삽입된 '인쇄레이아웃_4-9차시.hwp' 파일을 인쇄합니다.

※ 요술종이를 인쇄할 때는 반드시 인쇄 전용 요술종이(작은 요술종이)를 이용하며, '잉크젯' 프린터로 출력합니다.

▲ 요술종이에 자신의 작품이 인쇄된 것을 확인

03 인쇄된 요술종이의 잉크가 완전히 마르면 테이프를 모두 떼어낸 후 가위를 이용하여 각각의 작품들을 적당한 여백을 남기고 둥글게 오려줍니다.

※ 펀치를 이용하여 타공이 필요할 경우에는 미리 구멍을 뚫은 후 조심히 오려야 합니다. 또한 가위를 사용할 때는 다치지 않도록 조심합니다.

※ 모서리를 뾰족하게 오리면 위험할 수 있으며, 굽는 과정에서 한 쪽으로 열이 가해져 모양이 변형될 수 있습니다.

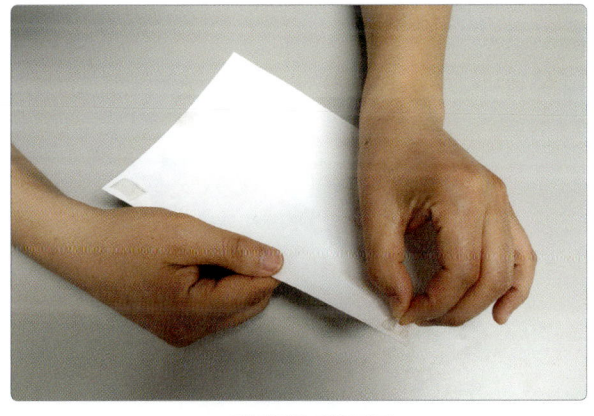

▲ 테이프를 떼어내기

▲ 가위로 작품을 오리기

04 예열된 오븐에 오려놓은 요술종이를 넣어 구운 후 두꺼운 책 등으로 눌러줍니다.

※ 굽는 시간은 오븐의 예열 상태, 오븐의 종류 등 다양한 상황에 따라서 달라지기 때문에 요술종이가 오그라들었다가 펴지면 요술종이를 꺼내도록 합니다.

※ 오븐을 이용할 때는 화상의 위험이 있으니 반드시 장갑을 끼고 작업합니다.

▲ 호일을 오븐에 넣고 예열하기

▲ 오려놓은 요술종이(캐릭터)를 집어 넣기

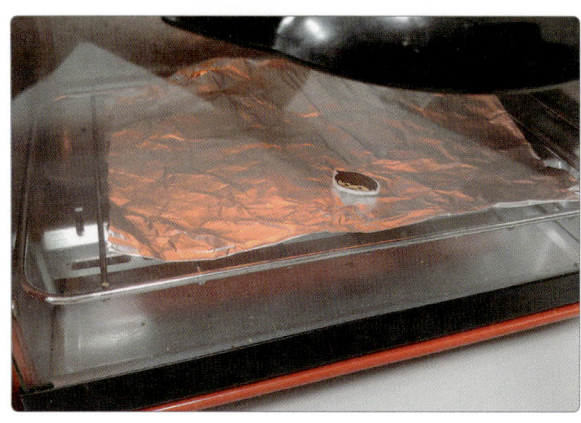

▲ 오븐에서 플라스틱 작품이 완성되는 것을 확인

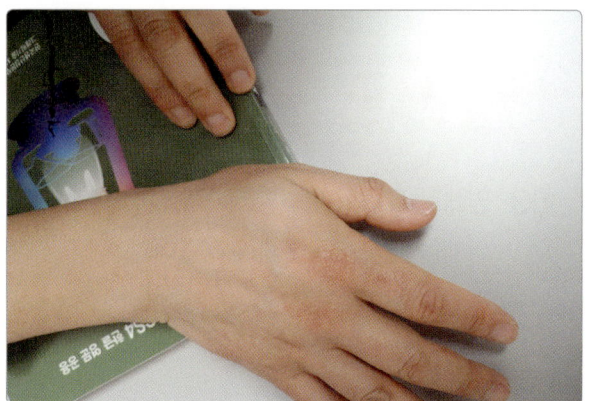

▲ 오븐에서 요술종이를 꺼낸 후 두꺼운 책 등으로 눌러주기

05 구워진 플라스틱 작품은 글루건을 이용하여 반지에 붙입니다.

※ 투명 매니큐어 등으로 코팅하면 작품을 더욱 오래 보관할 수 있어요.

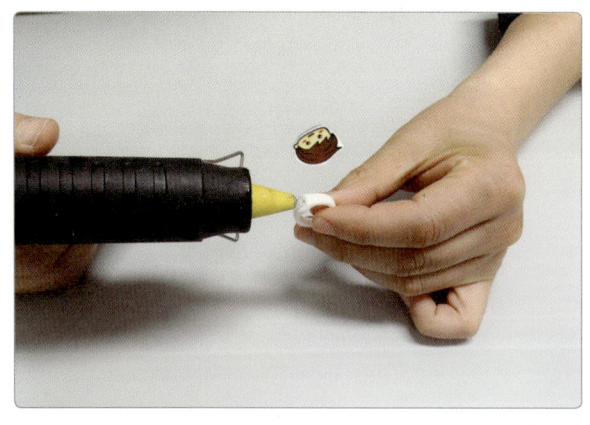

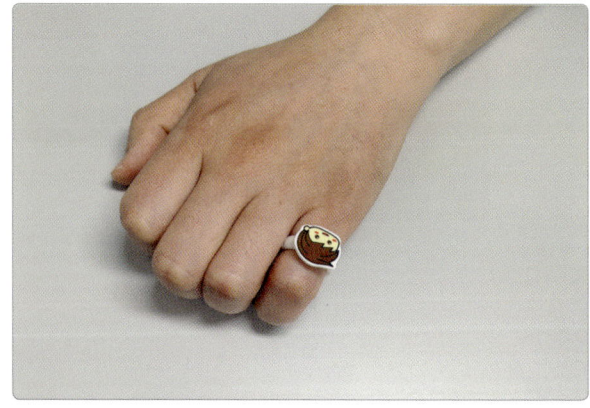

★ 똑같은 방법으로 나머지 작품들도 다양한 요술작품으로 만들어 보세요!!

CHAPTER 03 프로그램의 기본 기능 익히기

학습목표
- 도형의 크기 조절, 이동, 회전 등을 다양하게 학습합니다.
- 완성된 작품을 그룹으로 지정한 후 이미지 파일(.PNG)로 저장할 수 있습니다.

📂 **불러올 파일** : 없음   💾 **완성된 파일** : 네잎클로버(완성)

 완성된 작품 미리보기

 **작업 1 도형을 삽입한 후 서식 변경하기**

01 프로그램을 실행한 후 슬라이드의 빈 곳 위에서 마우스 오른쪽 버튼을 눌러 [레이아웃]-'빈 화면'을 클릭합니다.

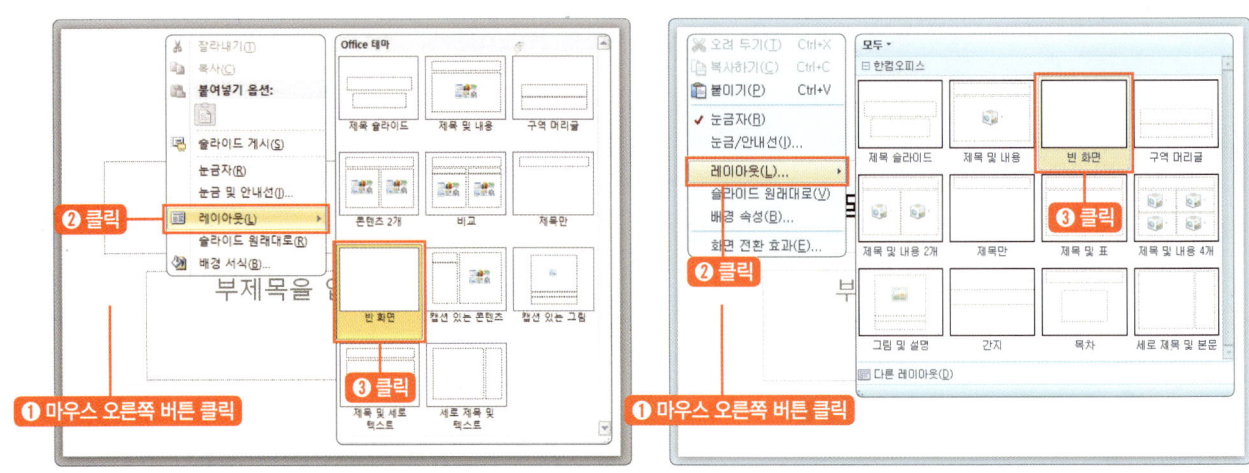

▲ 파워포인트 　　　　　　　　　　　　　　　　　　　　▲ 한쇼

02 [삽입]-[일러스트레이션]-[도형]-[기본 도형]-'하트(♡)'를 선택합니다. 이어서, **Shift** 키를 누른 채 드래그하여 그립니다.

※ 한쇼 : [입력]-[개체]-[자세히 단추(↓)]

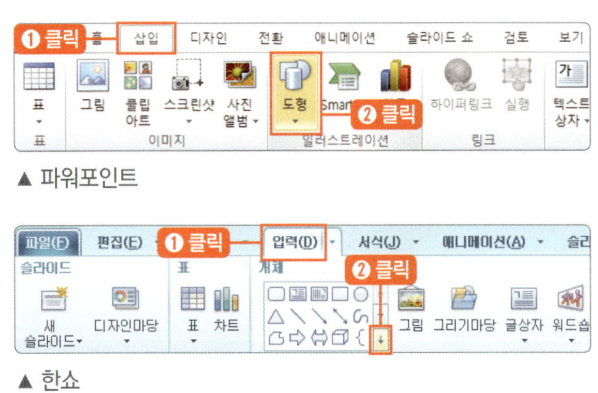

▲ 파워포인트

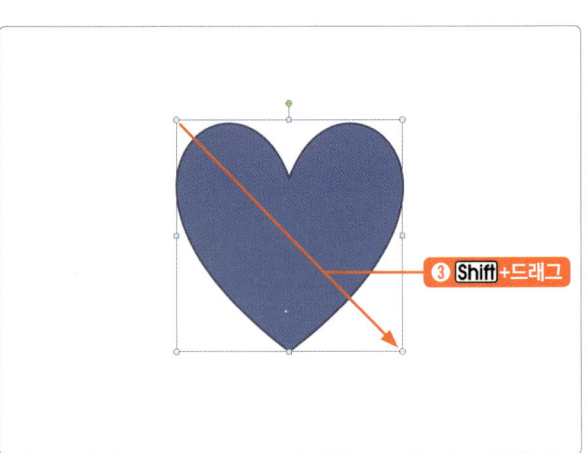

▲ 한쇼

03 도형의 윤곽선을 없애기 위해 [서식]-[도형 스타일]-[도형 윤곽선]-'윤곽선 없음'을 클릭합니다.

※ 한쇼 : [도형]-[스타일]-[선 종류]-선 없음

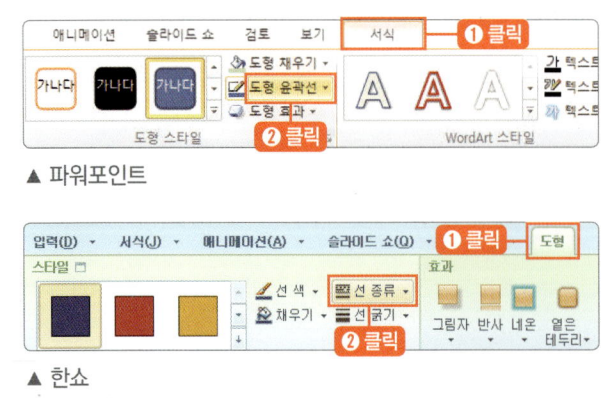

▲ 파워포인트

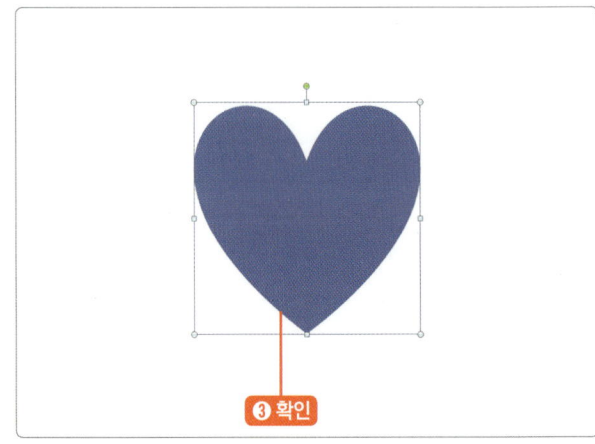

▲ 한쇼

016 요술작품 만들기 파워포인트/한쇼

04 윤곽선이 변경된 도형 위에서 마우스 오른쪽 버튼을 눌러 [기본 도형으로 설정]을 클릭합니다.

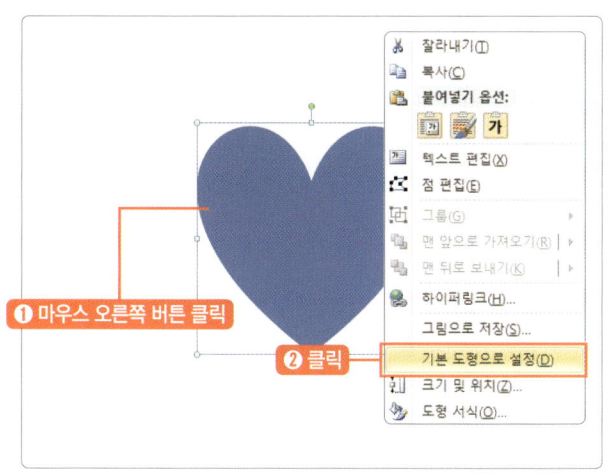

▲ 파워포인트

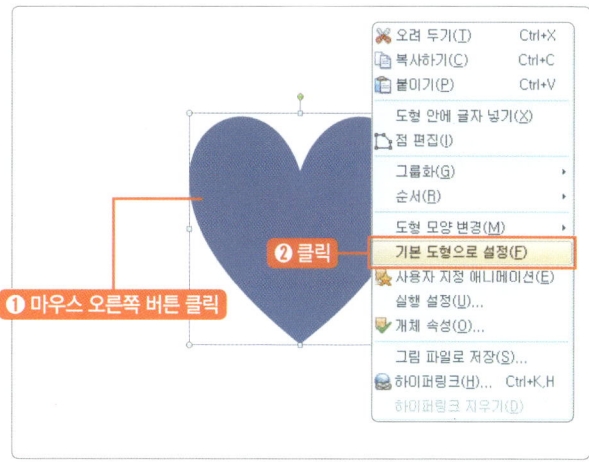

▲ 한쇼

05 도형의 색상을 변경하기 위해 [서식]-[도형 스타일]-[도형 채우기]-연두색을 선택합니다.

※ 한쇼 : [도형]-[스타일]-[채우기]

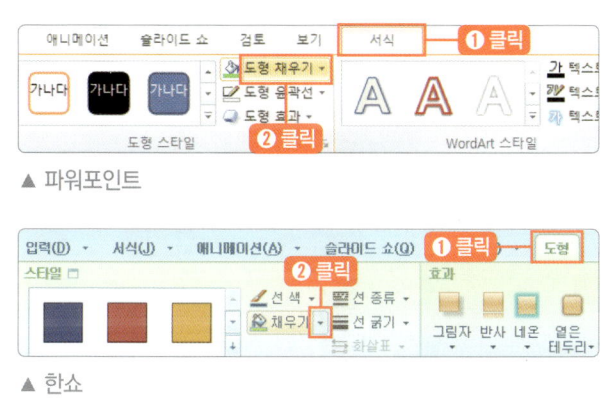

▲ 파워포인트

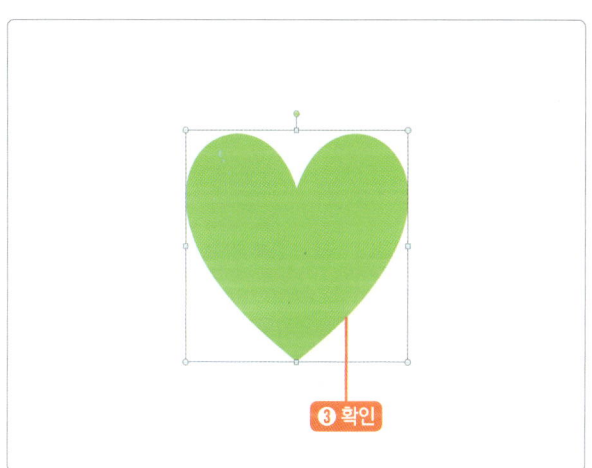

▲ 한쇼

06 Ctrl 키를 누른 채 드래그하여 도형을 복사합니다. 이어서, [서식]-[도형 스타일]-[도형 채우기]-옅은 연두색을 선택합니다.

※ 한쇼 : [도형]-[스타일]-[채우기]

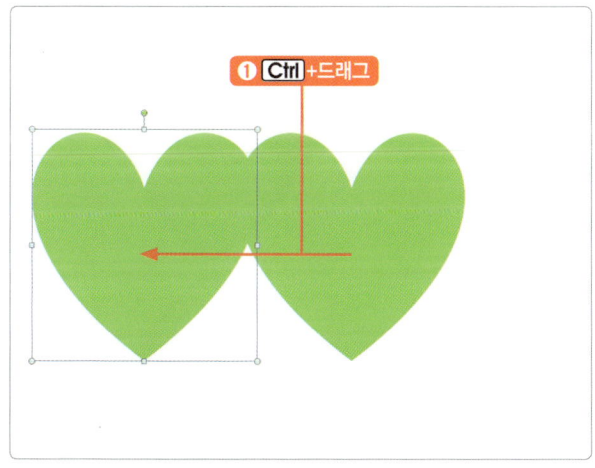

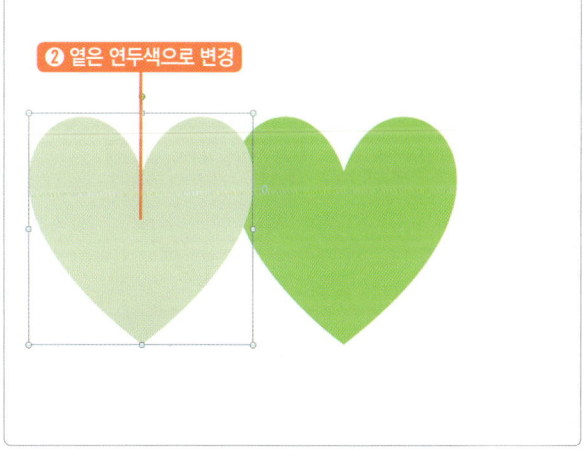

07 Shift 키를 누른 채 도형의 대각선 조절점(□)을 드래그하여 크기를 조절한 후 위치를 변경합니다.

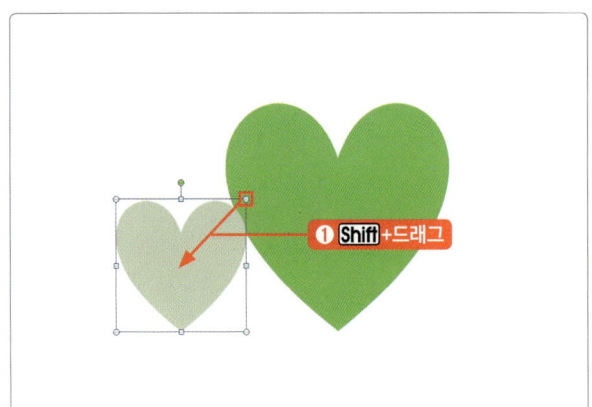 

 도형을 그룹으로 지정한 후 복사하기

01 그림과 같이 드래그하여 두 개의 도형을 선택한 후 마우스 오른쪽 버튼을 눌러 [그룹]-[그룹]을 클릭합니다.

※ 한쇼 : 마우스 오른쪽 버튼-[그룹화]-[개체 묶기]

※ Shift 키를 누른 채 각각의 도형을 클릭하여 여러 개의 도형을 한 번에 선택할 수도 있습니다.

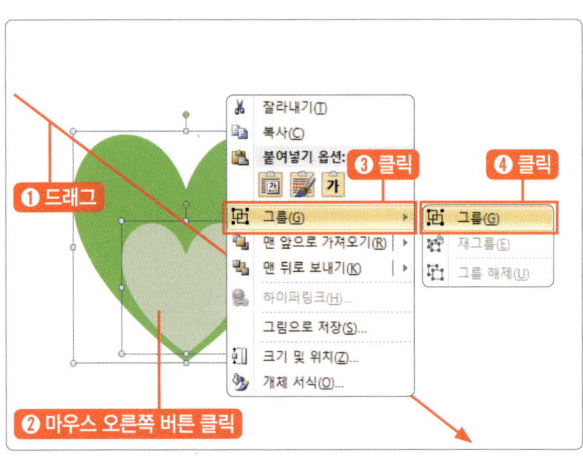 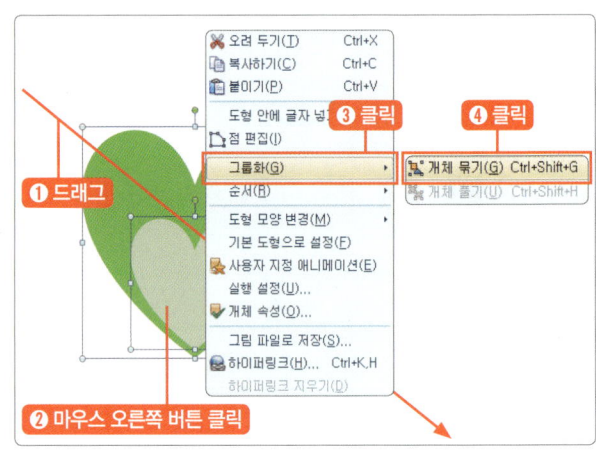

▲ 파워포인트　　　　　　　　　　　　　　▲ 한쇼

02 Ctrl + Shift 키를 누른 채 그룹으로 지정된 도형을 아래쪽으로 드래그하여 복사합니다. 이어서, Shift 키를 누른 채 초록색 조절점(●)을 드래그하여 복사된 도형을 회전시킨 후 위치를 변경합니다.

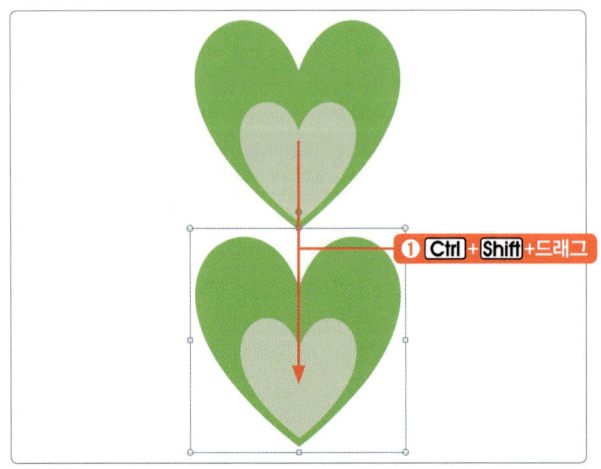 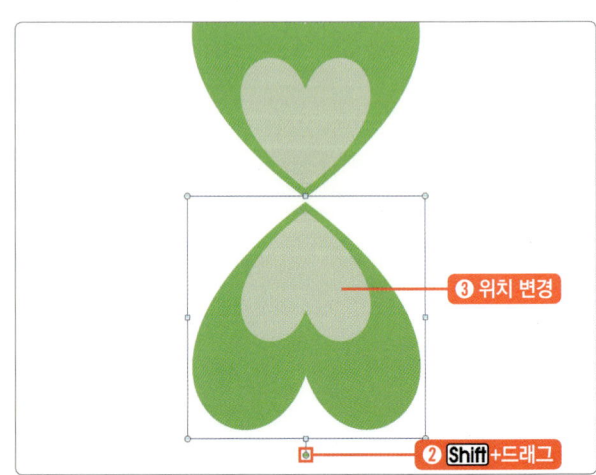

03 똑같은 방법으로 왼쪽 도형을 복사 및 회전하여 만듭니다. 이어서, 오른쪽으로 도형을 복사하여 [서식]-[정렬]-[회전]-'좌우 대칭' 후 위치를 변경합니다.

※ 한쇼 : [도형]-[회전/대칭]-좌우 대칭

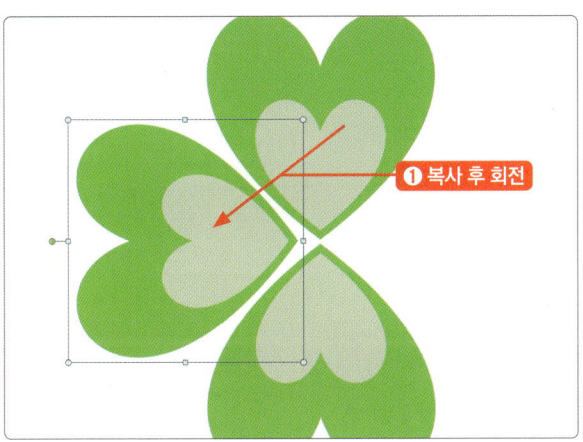 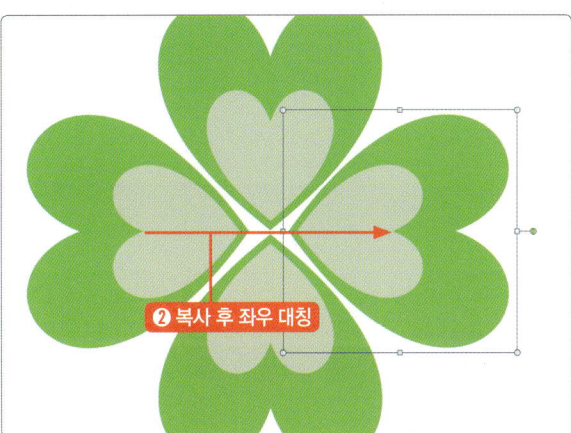

작업 3 노란색 조절점을 이용하여 도형의 모양 변경하기

01 [삽입]-[일러스트레이션]-[도형]-[기본 도형]-'막힌 원호()'를 선택하여 그립니다. 이어서, 초록색 조절점()을 드래그하여 도형을 회전시킨 후 위치를 변경합니다.

※ 한쇼 : [입력]-[개체]-[자세히 단추(↓)]

02 왼쪽 노란색 조절점(◇)을 왼쪽 아래로 드래그하여 모양을 변경합니다. 이어서, 도형의 크기 및 위치를 조절합니다.

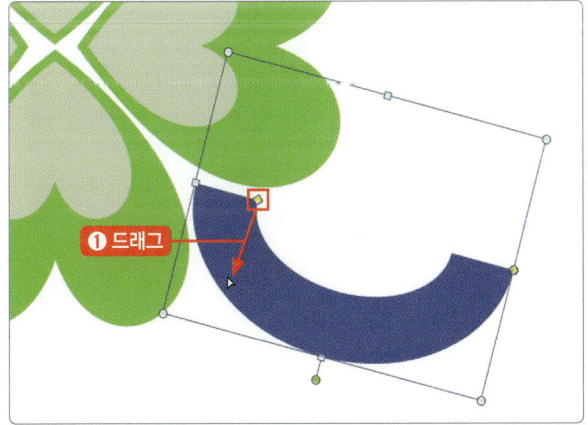 

03 [서식]-[도형 스타일]-[도형 채우기]-연두색 선택합니다.

※ 한쇼 : [도형]-[스타일]-[채우기]

작업 4 | 개체를 그룹으로 지정한 후 이미지 파일(.PNG)로 저장하기

01 작업이 완료되면 그림과 같이 드래그하여 모든 개체를 선택합니다. 이어서, 도형 위에서 마우스 오른쪽 버튼을 눌러 [그룹]-[그룹]을 클릭합니다.

※ 한쇼 : 마우스 오른쪽 버튼-[그룹화]-[개체 묶기]

※ Ctrl + A 키를 누르면 현재 슬라이드의 모든 개체를 한 번에 선택할 수 있습니다.

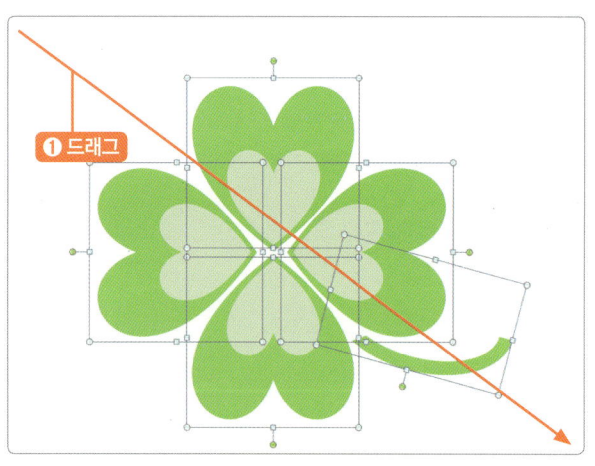

02 그룹으로 지정된 도형 위에서 마우스 오른쪽 버튼을 눌러 [그림으로 저장]을 클릭합니다.

※ 한쇼 : 마우스 오른쪽 버튼-[그림 파일로 저장]

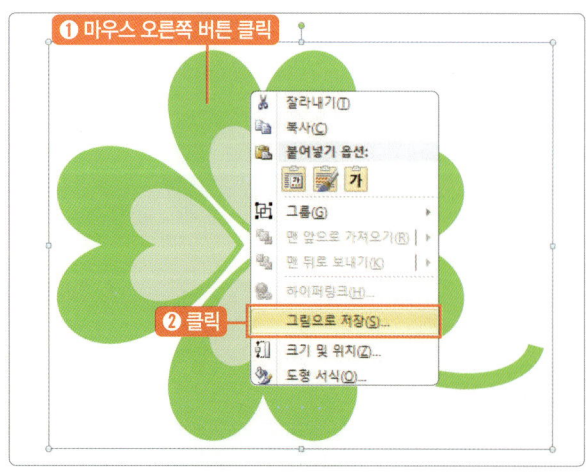
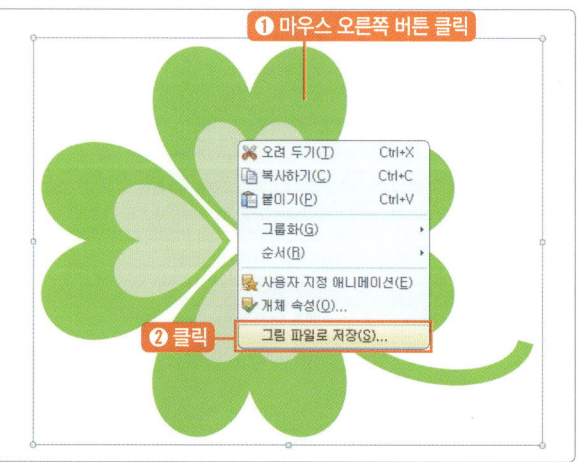

▲ 파워포인트　　　　　　　　　　　　　　▲ 한쇼

03 이어서, [그림으로 저장] 대화상자가 나오면 이미지 파일을 저장할 경로를 지정합니다. 이어서, '네잎클로버-홍길동'을 입력하고 '파일 형식-PNG'를 확인한 후 저장합니다.

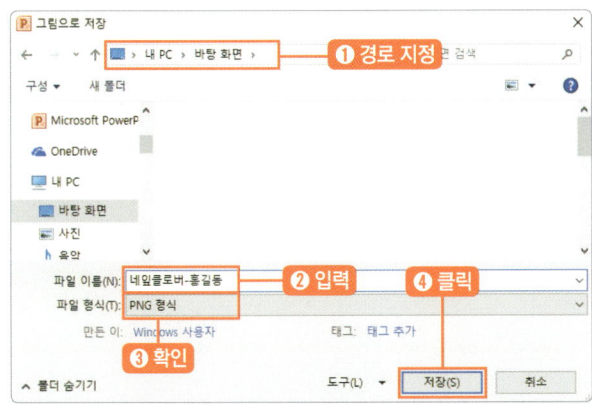

▲ 파워포인트

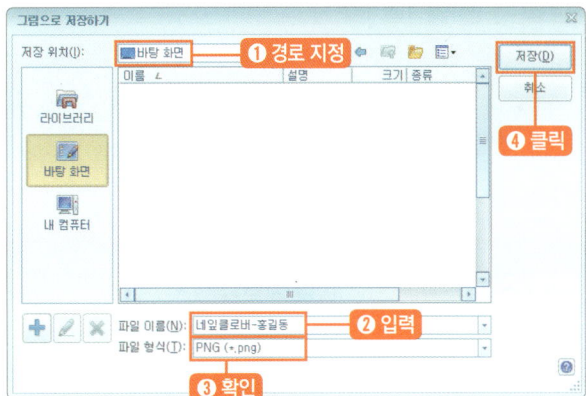

▲ 한쇼

● 연습문제 ●

완성된 파일 : 사자(완성)

도형을 이용하여 사자를 완성한 후 PNG 파일로 저장해 보세요.

필요한 도형

① [별 및 현수막]-포인트가 16개인 별(☼)
② [기본 도형]-타원(◯)
③ [순서도]-순서도: 지연(D)
④ [기본 도형]-막힌 원호(⌒)

완성된 파일 : 고양이(완성)

도형을 이용하여 고양이를 완성한 후 PNG 파일로 저장해 보세요.

필요한 도형

① [기본 도형]-타원(◯)
② [기본 도형]-이등변 삼각형(△)

※ 귀 맨 뒤로 보내기
 - 파포 : 마우스 오른쪽 버튼 클릭-[맨 뒤로 보내기]
 - 한쇼 : 마우스 오른쪽 버튼 클릭-[순서]-[맨 뒤로]

CHAPTER 04

캐릭터 반지 만들기

학습 목표
- 그림을 넣은 후 필요한 부분만 잘라낼 수 있습니다.
- 그림을 투명한 색으로 지정할 수 있습니다.

📂 **불러올 파일** : 캐릭터   📄 **완성된 파일** : 캐릭터(완성)

이렇게 만들어요!

준비물 : 요술종이에 인쇄된 작품, 자석, 글루건

① 인쇄된 요술종이를 오린 후 예열된 오븐에 넣고 굽는다.

② 글루건을 이용하여 구워진 플라스틱 작품을 반지에 붙인다.

③ 글루건이 마르면 작품이 완성!

※ 요술작품 만들기의 모든 과정은 위험할 수 있으니 반드시 선생님 또는 부모님과 함께 작업합니다.

 **1** 이미지를 삽입한 후 필요한 부분만 잘라내기

01 [4차시] 폴더의 '캐릭터' 파일을 불러와 [1슬라이드]를 클릭합니다.

02 [삽입]-[이미지]-[그림]을 클릭한 후 [4차시] 폴더의 '눈' 파일을 삽입합니다. 이어서, [서식]-[크기]-[자르기]를 클릭합니다.

※ 한쇼 : [입력]-[개체]-[그림], [그림]-[크기]-[자르기]

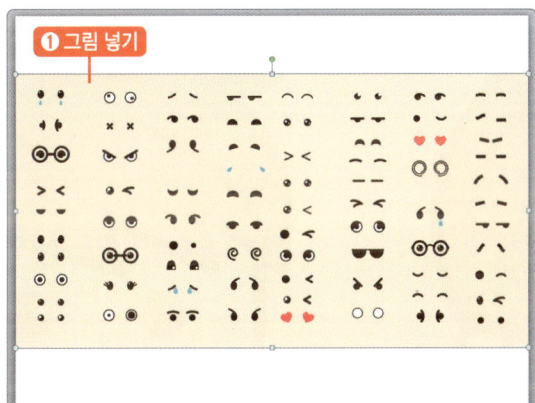
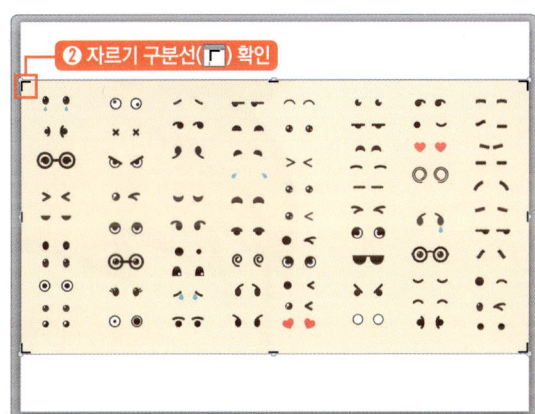

03 자르기 구분선(⌐)을 드래그하여 원하는 눈 모양에 맞춘 후 Esc 키를 누릅니다.

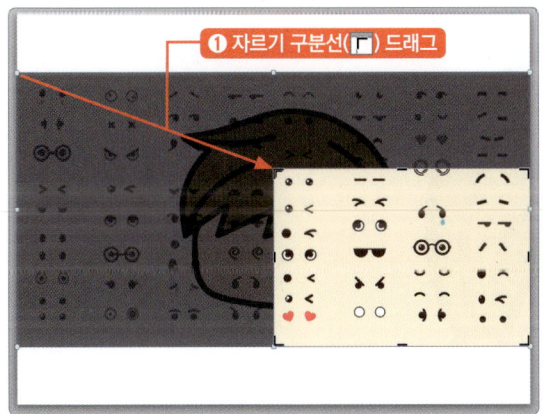
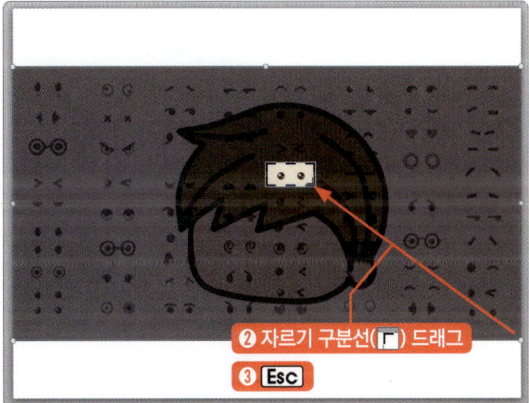

Chapter 04 캐릭터 반지 만들기 **023**

 ## 작업 2 투명한 색으로 지정한 후 크기를 조절하기

01 원하는 눈 모양만 잘라낸 후 [서식]-[조정]-[색]-'투명한 색 설정'을 클릭합니다. 마우스 커서가 변경(🖋)되면 투명으로 처리할 부분을 클릭합니다.

※ 한쇼 : [그림]-[속성]-[색조 조정]-'투명한 색 설정'

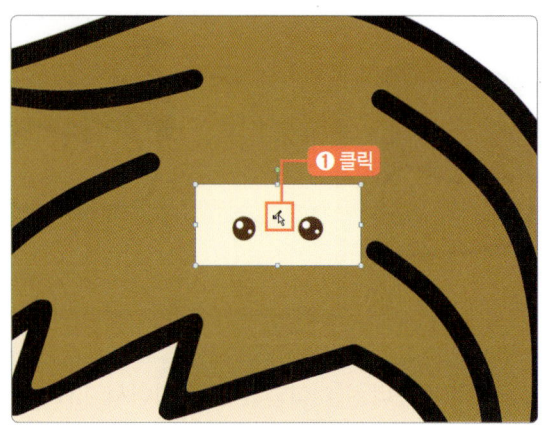 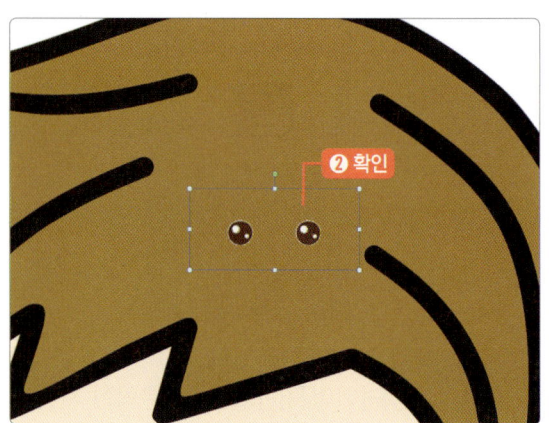

02 투명으로 처리된 눈 모양의 크기 및 위치를 조절합니다.

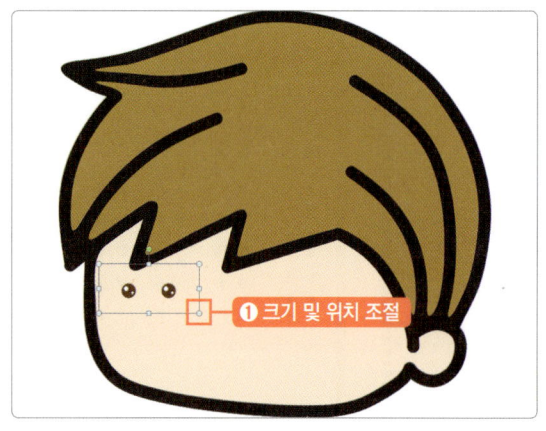 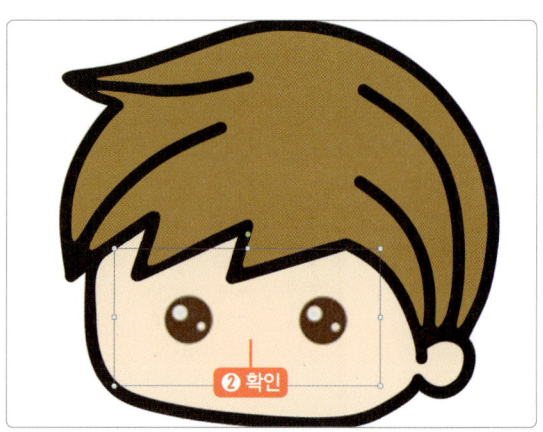

03 똑같은 방법으로 캐릭터의 입과 볼을 완성합니다.

TIP 크기 조절 및 위치 변경

① **크기 조절** : 조절점(□, ○)을 드래그하여 크기를 조절할 수 있습니다.
② **위치 변경** : 개체를 드래그 하거나 키보드 방향키를 눌러 위치를 변경할 수 있습니다.

TIP 특수키를 이용한 개체의 크기 조절

① **Alt**+조절점(,) 드래그 : 크기를 세밀하게 조절할 수 있습니다.

▲ **Alt**+조절점 드래그

TIP 특수키를 이용한 개체의 위치 변경

① **Alt**+마우스 드래그 또는 **Ctrl**+ 키보드 방향키 : 위치를 세밀하게 변경할 수 있습니다.
② **Shift**+마우스 드래그 : 가로(수평) 또는 세로(수직) 방향으로 고정한 채 위치를 변경할 수 있습니다.

▲ **Alt**+드래그

▲ **Shift**+드래그

작품이 완성되면 020P를 참고하여 이미지 파일(.PNG)로 저장합니다.

❶ 눈 : 눈 이미지를 불러와 원하는 눈 모양을 잘라낸 후 투명으로 처리합니다.
❷ 입 : 입 이미지를 불러와 원하는 입 모양을 잘라낸 후 투명으로 처리합니다.
❸ 볼 : 볼 이미지를 불러와 원하는 볼 모양을 잘라낸 후 투명으로 처리합니다.

콜라콜라 휴대폰 고리 만들기

학습 목표
- 슬라이드의 레이아웃을 변경할 수 있습니다.
- 도형을 넣은 후 서식을 지정할 수 있습니다.

📁 **불러올 파일** : 없음   📄 **완성된 파일** : 콜라콜라(완성)

 완성된 요술작품!!

완성된 슬라이드!!

이렇게 만들어요!   **준비물** : 요술종이에 인쇄된 작품, 펀치, 고리

❶ 인쇄된 요술종이에 구멍을 뚫는다.

❷ 구멍에 맞춰 인쇄된 요술종이를 오린 후 예열된 오븐에 넣고 굽는다.

❸ 구운 요술종이에 고리를 끼우면 작품이 완성!

※ 요술작품 만들기의 모든 과정은 위험할 수 있으니 반드시 선생님 또는 부모님과 함께 작업합니다.

 **작업 1** 레이아웃을 변경한 후 이미지 넣기

01 프로그램을 실행한 후 슬라이드의 빈 곳 위에서 마우스 오른쪽 버튼을 눌러 [레이아웃]-'빈 화면'을 클릭합니다.

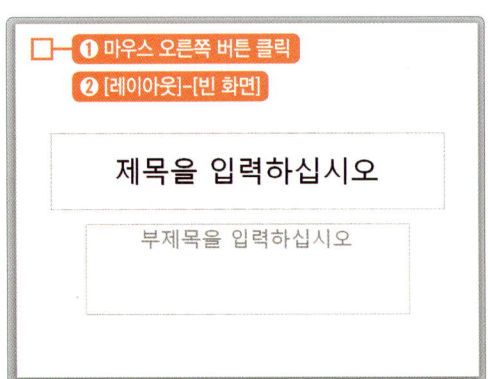 

02 [삽입]-[이미지]-[그림]을 클릭한 후 [5차시] 폴더의 '캔' 파일을 삽입합니다. 이어서, 크기 및 위치를 조절합니다.

  ※ 한쇼 : [입력]-[개체]-[그림]

 **작업 2** 도형을 삽입한 후 서식 변경하기

01 [삽입]-[일러스트레이션]-[도형]-[별 및 현수막]-'물결(〰)'을 선택하여 그립니다. 이어서, 왼쪽의 노란색 조절점(◈)을 아래쪽으로 드래그하여 모양을 바꿉니다.

  ※ 한쇼 : [입력]-[개체]-[자세히 단추(⬇)]

 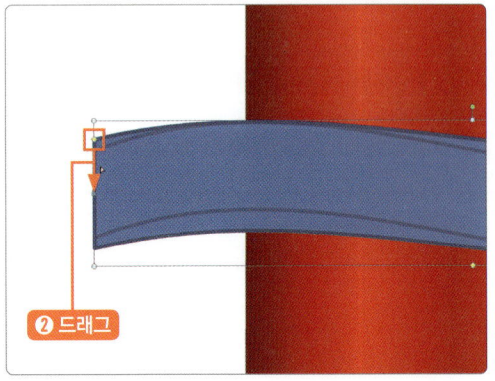

02 Shift 키를 누른 채 초록색 조절점( )을 드래그하여 도형을 세로로 회전시킨 후 크기 및 위치를 조절합니다.

03 [서식]-[도형 스타일]-[도형 채우기]-하얀색, [서식]-[도형 스타일]-[도형 윤곽선]-'윤곽선 없음'으로 지정합니다.

※ 한쇼 : [도형]-[스타일]-[채우기], [도형]-[스타일]-[선 종류]-선 없음

작업 3 콜라콜라 이미지 넣기

01 [삽입]-[이미지]-[그림]을 클릭한 후 [5차시] 폴더의 '로고' 파일을 삽입합니다. 이어서, Shift 키를 누른 채 초록색 조절점( )을 드래그하여 세로로 회전시킨 후 크기 및 위치를 조절합니다.

※ 한쇼 : [입력]-[개체]-[그림]

작업 4 글자 상자에 내용을 입력한 후 서식 변경하기

01 [삽입]-[일러스트레이션]-[도형]-[기본 도형]-텍스트 상자(■)를 선택하여 그린 후 '콜라콜라'를 입력합니다.

※ 한쇼 : [입력]-[개체]-[자세히 단추(↓)]-[기본 도형]-가로 글상자

02 텍스트 상자의 테두리를 클릭한 후 [홈]-[글꼴]에서 글꼴(나눔스퀘어라운드 Bold)을 변경합니다. 이어서, 캔 이미지 크기에 맞춰 적당한 사이즈로 글자 크기를 지정합니다.

※ 한쇼 : [서식]-[글자]

TIP 글꼴 변경하기

교재의 모든 작품은 '나눔' 서체로 작업했습니다. '나눔' 서체 설치 방법은 교재의 009P를 참고하시기 바랍니다. 글자 크기는 본인의 작업 환경에 맞춰 적당한 크기로 조절합니다.

03 Shift 키를 누른 채 초록색 조절점(●)을 드래그하여 세로로 회전시킨 후 텍스트 상자의 위치 이동시킵니다. 이어서, [홈]-[글꼴]-글꼴 색(하얀색)을 지정합니다.

※ 한쇼 : [서식]-[글자]

작품 완성하기

작품이 완성되면 020P를 참고하여 이미지 파일(.PNG)로 저장합니다.

불러올 파일 : 제띠   **완성된 파일** : 제띠(완성)

① **도형** : [기본 도형]-'정육면체'를 삽입한 후 노란색 조절점(◆)과 초록색 조절점(●)을 이용하여 모양을 변경합니다.

② **제띠** : '제'와 '띠' 이미지를 각각 삽입합니다.

③ **쵸코렛맛** : 글자 상자를 이용하여 내용을 입력한 후 글꼴 서식을 변경합니다.(완성 파일 : 나눔스퀘어라운드, 18pt)

④ **도형** : [설명선]-'타원형 설명선'을 삽입한 후 노란색 조절점(◆)을 이용하여 모양을 변경합니다.

⑤ **우유친구 제띠~** : 삽입된 타원형 설명선을 클릭한 후 내용을 입력합니다. 이어서, 글꼴 서식을 변경합니다. (완성 파일 : 나눔바른고딕, 11pt)

CHAPTER 06 — 가니초콜릿 휴대폰 고리 만들기

학습 목표
- 워드아트(워드숍)를 삽입할 수 있습니다.
- 텍스트 안에 그림을 넣을 수 있습니다.

📂 **불러올 파일** : 가니초콜릿   💾 **완성된 파일** : 가니초콜릿(완성)

 완성된 슬라이드!!    완성된 요술작품!!

이렇게 만들어요!   준비물 : 요술종이에 인쇄된 작품, 펀치, 고리

❶ 인쇄된 요술종이에 구멍을 뚫는다.
❷ 구멍에 맞춰 인쇄된 요술종이를 오린 후 예열된 오븐에 넣고 굽는다.
❸ 구운 요술종이에 고리를 끼우면 작품이 완성!

※ 요술작품 만들기의 모든 과정은 위험할 수 있으니 반드시 선생님 또는 부모님과 함께 작업합니다.

작업 1 · 워드아트를 이용하여 내용을 입력한 후 서식 변경하기

01 [6차시] 폴더의 '가니초콜릿' 파일을 불러옵니다. 이어서, [삽입]-[텍스트]-[WordArt]에서 세 번째 모양(A)을 선택한 후 'Ghani'를 입력합니다.

※ 한쇼 : [입력]-[개체]-[워드숍]-첫 번째 모양(가)

02 입력된 글자의 테두리를 클릭한 후 [홈]-[글꼴]에서 글꼴(Minion Pro SmBd), 크기(180pt), 굵게(가), 기울임꼴 (가)을 지정합니다.

※ 한쇼 : [워드숍]-[속성]

TIP 글꼴 변경하기

글꼴(Minion Pro SmBd)과 글꼴 크기(180)는 직접 입력하여 변경하며, 작품에 들어갈 글꼴은 여러분이 좋아하는 글꼴로 변경해도 상관없습니다.

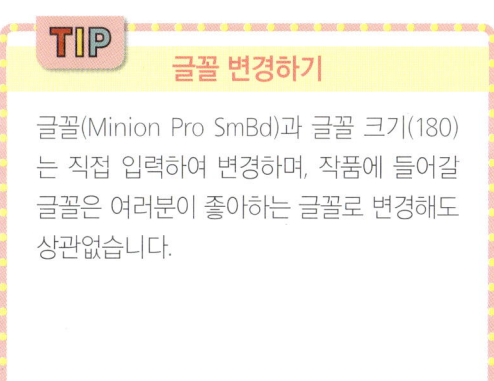

03 텍스트 바깥쪽에 그림자를 적용하기 위해 [서식]-[WordArt 스타일]-[텍스트 효과]-[그림자]의 '바깥쪽'에서 원하는 그림자를 선택한 후 테두리를 드래그하여 위치를 이동시킵니다.

※ 한쇼 : [워드숍]-[효과]-[그림자]

04 [서식]-[WordArt 스타일]-[텍스트 채우기]-'그림'을 클릭한 후 [6차시] 폴더의 '금색' 파일을 삽입합니다. 이어서, [텍스트 윤곽선]-'윤곽선 없음'으로 지정합니다.

※ 한쇼 : [워드숍]-[스타일]-[채우기]-그림, [워드숍]-[스타일]-[선 종류]-선 없음

TIP — 한쇼 그림 채우기 속성 변경

워드숍 위에서 마우스 오른쪽 버튼을 눌러 [개체 속성]을 클릭한 후 [채우기]-배열(늘이기)를 지정합니다.

작업 2 글자 상자에 내용을 입력한 후 서식 변경하기

01 [삽입]-[일러스트레이션]-[도형]-[기본 도형]-텍스트 상자()를 선택하여 그린 후 'Cacao Mild'를 입력합니다.

※ 한쇼 : [입력]-[개체]-[자세히 단추()]-[기본 도형]-가로 글상자

02 텍스트 상자의 테두리를 클릭한 후 [홈]-[글꼴]에서 글꼴(CommercialScript BT), 크기(32pt)를 지정합니다.

※ 한쇼 : [서식]-[글자]

 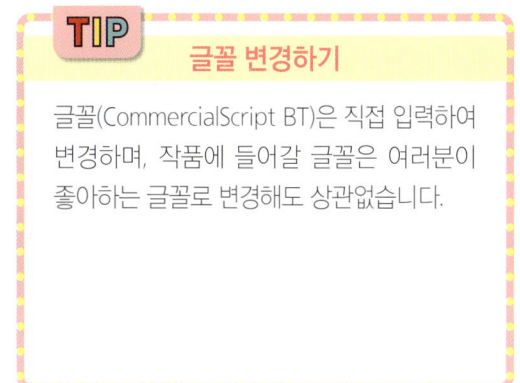

03 텍스트 상자의 위치를 이동시킨 후 [홈]-[글꼴]-글꼴 색(하얀색)을 지정합니다.

※ 한쇼 : [서식]-[글자]

04 [삽입]-[일러스트레이션]-[도형]-[기본 도형]-텍스트 상자(圖)를 선택하여 그린 후 '더욱 깊고 진해진 가니 마일드'를 입력합니다.

※ 한쇼 : [입력]-[개체]-[자세히 단추(↓)]-[기본도형]-가로 글상자

05 텍스트 상자의 테두리를 클릭한 후 [홈]-[글꼴]에서 글꼴(나눔명조 ExtraBold), 크기(20pt)를 지정합니다. 이어서, '가니 마일드'를 드래그하여 블록으로 지정한 후 글꼴(나눔스퀘어 ExtraBold)을 변경합니다.

※ 한쇼 : [서식]-[글자]

06 '가니'를 드래그하여 블록으로 지정한 후 굵게(가), 기울임꼴(가)을 지정합니다. 이어서, 텍스트 상자의 위치를 이동시킨 후 [홈]-[글꼴]-글꼴 색(하얀색)을 지정합니다.

※ 한쇼 : [서식]-[글자]

 ## 이미지 넣기

01 [삽입]-[이미지]-[그림]을 클릭한 후 [6차시] 폴더의 '카카오' 파일을 삽입합니다. 이어서, 크기를 조절합니다.

※ 한쇼 : [입력]-[개체]-[그림]

02 그림의 위치를 변경한 후 초록색 조절점( )을 드래그하여 회전시킵니다.

작품이 완성되면 020P를 참고하여 이미지 파일(.PNG)로 저장합니다.

❶ **ROTTE** : 글자 상자를 이용하여 내용을 입력한 후 글꼴 서식을 지정합니다.
   (완성 파일 : 나눔스퀘어 Bold, 24pt)

❷ **밀크초콜릿 110 g(595 Kcal)** : 글자 상자를 이용하여 내용을 입력한 후 글꼴 서식을 지정합니다.
   (완성 파일 : 나눔스퀘어, 16pt)

신람현 자석 만들기

학습 목표
- 도형 안에 그림을 넣은 후 효과를 적용할 수 있습니다.
- 한자를 삽입할 수 있습니다.

📁 불러올 파일 : 신람현   💾 완성된 파일 : 신람현(완성)

 완성된 슬라이드!!

 완성된 요술작품!!

이렇게 만들어요! 준비물 : 요술종이에 인쇄된 작품, 자석, 글루건

❶ 인쇄된 요술종이를 오린 후 예열된 오븐에 넣고 굽는다.
❷ 구운 요술종이 뒤에 글루건을 이용하여 자석을 붙인다.
  (만약, 접착식 자석을 이용할 경우에는 ②번 과정 생략 가능)
❸ 글루건이 마르면 작품이 완성!
※ 요술작품 만들기의 모든 과정은 위험할 수 있으니 반드시 선생님 또는 부모님과 함께 작업합니다.

 **도형 안에 그림을 넣은 후 효과 적용하기**

01 [7차시] 폴더의 '신람현' 파일을 불러온 후 [삽입]-[일러스트레이션]-[도형]-[기본 도형]-'타원(○)'을 선택하여 그립니다.

※ 한쇼 : [입력]-[개체]-[자세히 단추(▼)]

 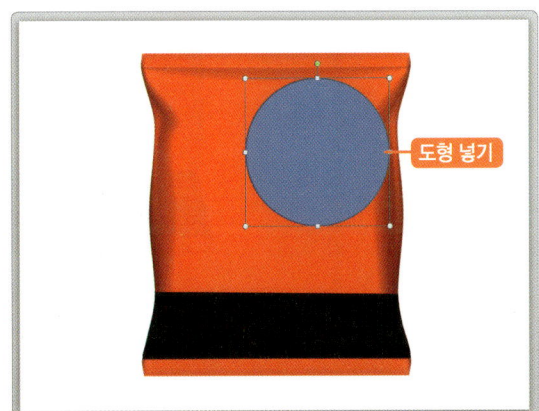

02 [서식]-[도형 스타일]-[도형 채우기]-'그림'을 클릭한 후 [7차시] 폴더의 '한자무늬' 파일을 삽입합니다. 이어서, [서식]-[도형 스타일]-[도형 윤곽선]-'윤곽선 없음'으로 지정합니다.

※ 한쇼 : [도형]-[스타일]-[채우기]-그림, [도형]-[스타일]-[선 종류]-선 없음

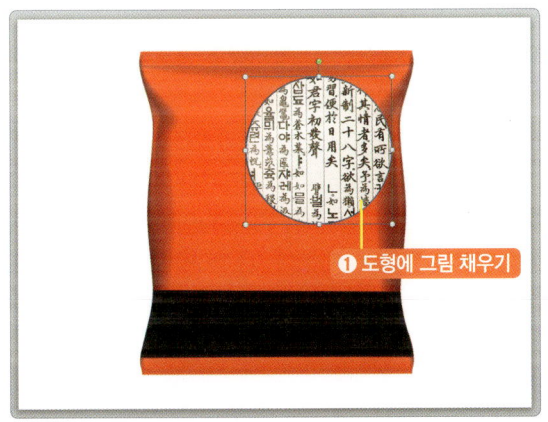 

03 [서식]-[도형 효과]-[부드러운 가장자리]를 그림과 같이 적당한 크기로 지정한 후 적용된 효과를 확인합니다.

※ 한쇼 : [도형]-[효과]-[옅은테두리]

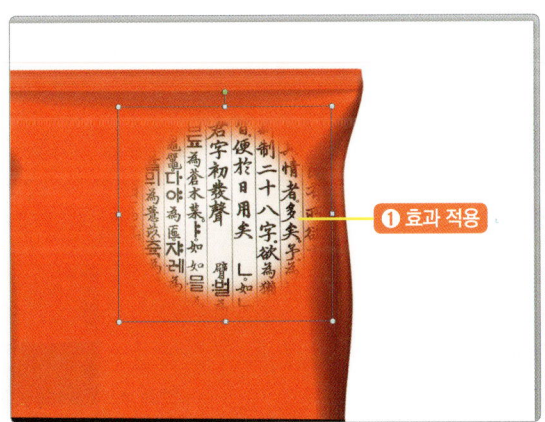 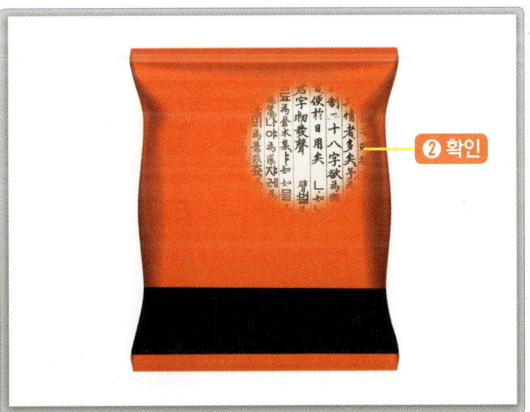

04 그림이 삽입된 도형 위에서 마우스 오른쪽 버튼을 눌러 [그림 서식]을 클릭한 후 [채우기]-투명도(35%)를 지정합니다.

※ 한쇼 : 마우스 오른쪽 버튼-[개체 속성]-[채우기]

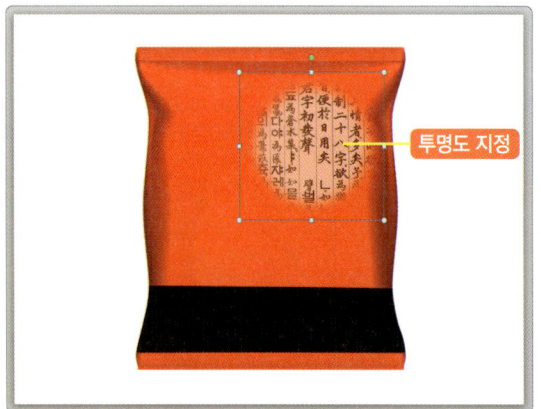
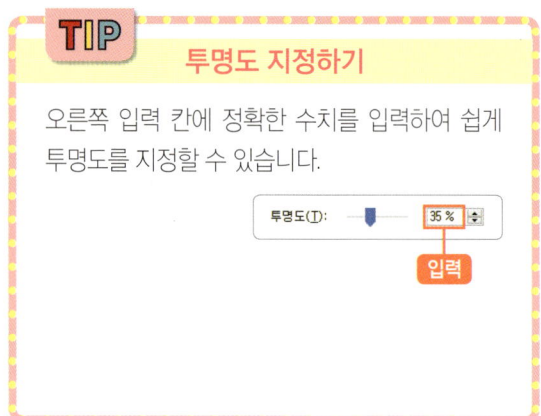

 워드아트를 이용하여 한자를 입력한 후 서식 변경하기

01 [삽입]-[텍스트]-[WordArt]에서 첫 번째 모양(A)을 선택합니다. 이어서, '신'을 입력한 후 한자 키를 눌러 '辛'으로 변경합니다.

※ 한쇼 : [입력]-[개체]-[워드숍]-첫 번째 모양(가)

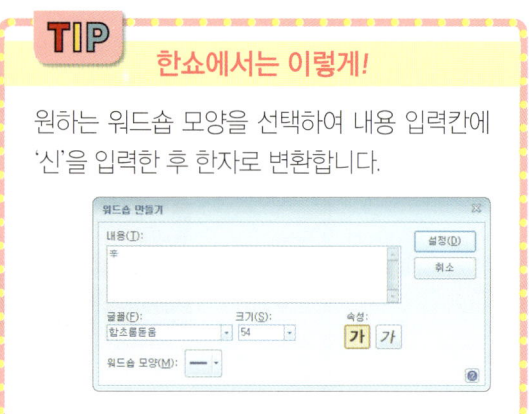

02 입력된 글자의 테두리를 클릭한 후 [홈]-[글꼴]에서 글꼴(나눔고딕 ExtraBold)과 크기(200pt)를 지정합니다.

※ 한쇼 : [워드숍]-[속성]

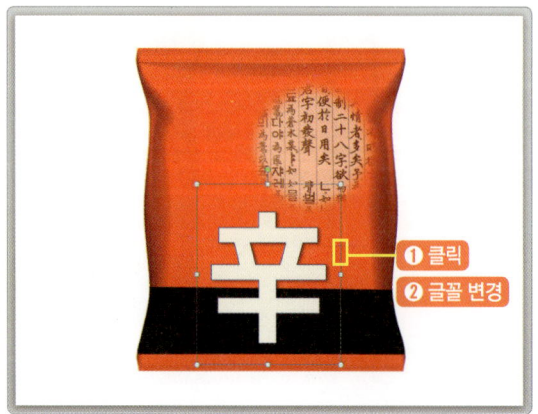
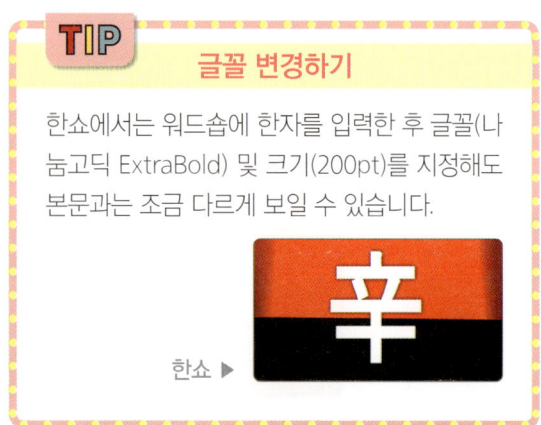

03 [서식]-[WordArt 스타일]-[텍스트 채우기]-검정색, [서식]-[WordArt 스타일]-[텍스트 윤곽선]-하얀색으로 지정합니다.

※ 한쇼 : [워드숍]-[스타일]-[채우기], [워드숍]-[스타일]-[선 색]

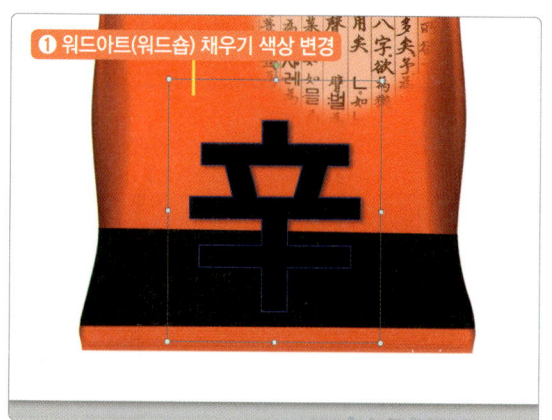 

04 [서식]-[WordArt 스타일]-[텍스트 윤곽선]-두께(3pt)를 지정한 후 테두리를 드래그하여 위치를 이동합니다.

※ 한쇼 : [워드숍]-[스타일]-[선 굵기]

05 텍스트에 그림자를 적용하기 위해 [서식]-[WordArt 스타일]-[텍스트 효과]-[그림자]의 '바깥쪽'에서 원하는 그림자를 선택합니다.

※ 한쇼 : [워드숍]-[효과]-[그림자]

작업 3 글자 상자에 내용을 입력한 후 서식 변경하기

01 [삽입]-[일러스트레이션]-[도형]-[기본 도형]-텍스트 상자( )를 선택하여 그린 후 '매울신'을 입력합니다.

※ 한쇼 : [입력]-[개체]-[자세히 단추( )]-[기본 도형]-가로 글상자

02 텍스트 상자의 테두리를 클릭한 후 [홈]-[글꼴]-글꼴(나눔스퀘어)을 지정합니다. 이어서, 굵게( )와 밑줄( )을 적용합니다.

※ 한쇼 : [서식]-[글자]

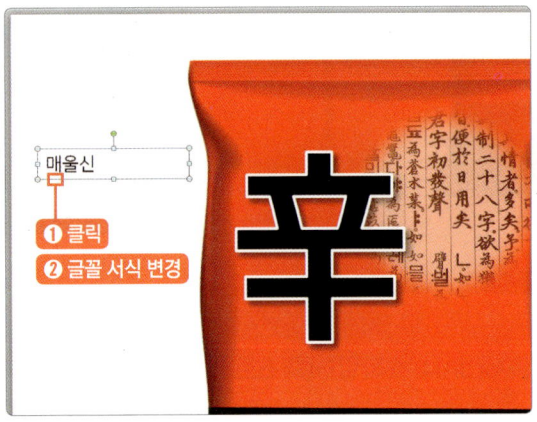 

03 [홈]-[글꼴]-글꼴 색(노란색)을 지정합니다. 이어서, '신'을 드래그하여 블록으로 지정한 후 글자의 크기(28pt)를 변경합니다.

※ 한쇼 : [서식]-[글자]

 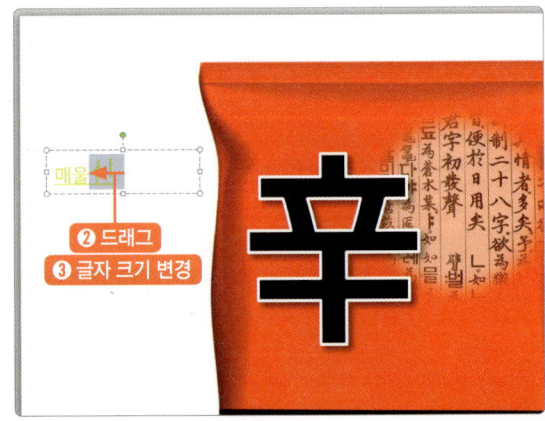

04 텍스트 상자의 테두리를 드래그하여 위치를 변경합니다.

작품이 완성되면 020P를 참고하여 이미지 파일(.PNG)로 저장합니다.

① **로고** : 2개의 도형([기본 도형]-'타원')을 이용하여 색을 채우고 테두리 색을 지정합니다.
② **룡심** : 글자 상자를 이용하여 내용을 입력한 후 글꼴 서식을 지정합니다.
   (완성 파일 : 나눔스퀘어 Bold, 25pt)
③ **람현** : 워드아트(워드숍)를 삽입한 후 글꼴 서식을 지정합니다.
   (완성 파일 : 나눔고딕 ExtraBold, 60pt)
④ **라면 이미지** : [7차시] 폴더의 '라면그릇' 이미지를 불러와 크기 및 위치를 조절합니다.

캡틴 고양이 브로치 만들기

학습 목표
- 그룹을 지정하고 해제할 수 있습니다.
- 다양한 복사 방법을 익힐 수 있습니다.

📁 **불러올 파일** : 캡틴고양이   📄 **완성된 파일** : 캡틴고양이(완성)

 완성된 슬라이드!!    완성된 요술작품!!

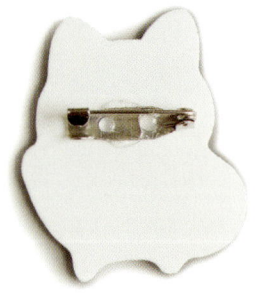

이렇게 만들어요!   **준비물** : 요술종이에 인쇄된 작품, 브로치, 글루건

① 인쇄된 요술종이를 오린 후 예열된 오븐에 넣고 굽는다.
② 구운 요술종이 뒤에 글루건을 이용하여 브로치를 붙인다.
③ 글루건이 마르면 작품이 완성!

※ 요술작품 만들기의 모든 과정은 위험할 수 있으니 반드시 선생님 또는 부모님과 함께 작업합니다.

그룹을 해제한 후 색상 변경하기

01 [8차시] 폴더의 '캡틴고양이' 파일을 불러온 후 고양이 이미지 위에서 마우스 오른쪽 버튼을 눌러 [그룹]-[그룹 해제]를 클릭합니다.

※ 한쇼 : 마우스 오른쪽 버튼-[그룹화]-[개체 풀기]

02 Esc 키를 눌러 모든 개체 선택을 해제한 후 머리 부분만 클릭합니다. 이어서, [서식]-[도형 스타일]-[도형 채우기]-파란색으로 지정합니다.

※ 한쇼 : [도형]-[스타일]-[채우기]

03 똑같은 방법으로 몸통과 꼬리를 파란색으로 지정합니다. 이어서, 손과 발을 원하는 색으로 채웁니다.

작업 2 도형과 워드아트를 이용하여 가면 만들기

01 [삽입]-[일러스트레이션]-[도형]-[기본 도형]-'달(☾)'을 선택하여 그립니다. 이어서, 노란색 조절점(◆)을 오른쪽으로 드래그하여 모양을 변경합니다.

※ 한쇼 : [입력]-[개체]-[자세히 단추(▼)]

02 Shift 키를 누른 채 초록색 조절점(●)을 드래그하여 가로로 회전시킨 후 크기 및 위치를 조절합니다.

03 [서식]-[도형 스타일]-[도형 채우기]-파란색, [서식]-[도형 스타일]-[도형 윤곽선]-'윤곽선 없음'으로 지정합니다.

※ 한쇼 : [도형]-[스타일]-[채우기], [도형]-[스타일]-[선 종류]-선 없음

> **TIP** 도형 크기 및 위치 조절
> ① 크기 조절 : Alt 키를 누른 채 조절점(□, ○)을 드래그하여 도형의 크기를 세밀하게 조절할 수 있습니다.
> ② 위치 변경 : Ctrl 키를 누른 채 키보드 방향키를 눌러 도형의 위치를 세밀하게 조절할 수 있습니다.

04 [삽입]-[텍스트]-[WordArt]에서 세 번째 모양( )을 선택한 후 'A'를 입력합니다. 이어서, 입력된 글자의 테두리를 클릭하여 [홈]-[글꼴]에서 글꼴(나눔고딕 ExtraBold)과 크기(60pt)를 지정한 후 위치를 변경합니다.

※ 한쇼 : [입력]-[개체]-[워드숍]-첫 번째 모양( ), [워드숍]-[속성], 조절점으로 크기 조절

작업 3 도형을 이용하여 벨트와 별 만들기

01 [삽입]-[일러스트레이션]-[도형]-[기본 도형]-'사다리꼴( )'을 선택하여 그립니다. 이어서, 노란색 조절점( )을 왼쪽으로 드래그하여 모양을 변경합니다.

※ 한쇼 : [입력]-[개체]-[자세히 단추( )]

 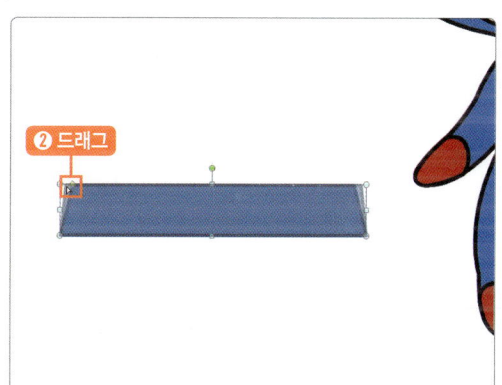

02 [서식]-[도형 스타일]-[도형 채우기]-하얀색, [서식]-[도형 스타일]-[도형 윤곽선]-검정색을 지정합니다. 이어서, 몸통 쪽으로 위치를 이동시킵니다.

※ 한쇼 : [도형]-[스타일]-[채우기], [도형]-[스타일]-[선 색]

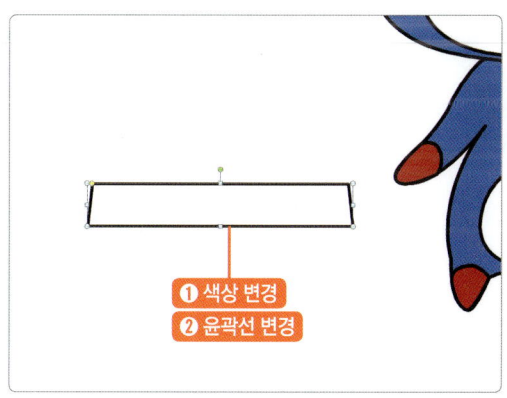 

03 크기를 조절한 후 몸통에 맞추어 위치를 변경합니다. 이어서, Ctrl 키를 누른 채 아래쪽으로 드래그하여 도형을 복사합니다.

04 오른쪽 가운데 조절점( )으로 너비를 조절한 후 [서식]-[도형 스타일]-[도형 채우기]-빨간색으로 지정합니다.

※ 한쇼 : [도형]-[스타일]-[채우기]

05 복사된 도형의 위치를 벨트 쪽으로 이동시킵니다. 이어서, Ctrl + Shift 키를 누른 채 오른쪽으로 드래그하여 도형을 반듯하게 복사합니다.

06 흰색 도형을 선택한 후 Shift 키를 누른 채 복사된 빨간색 도형들을 각각 클릭합니다. 이어서, 도형 위에서 마우스 오른쪽 버튼을 눌러 [그룹]-[그룹]을 클릭합니다.

※ 한쇼 : 마우스 오른쪽 버튼-[그룹화]-[개체 묶기]

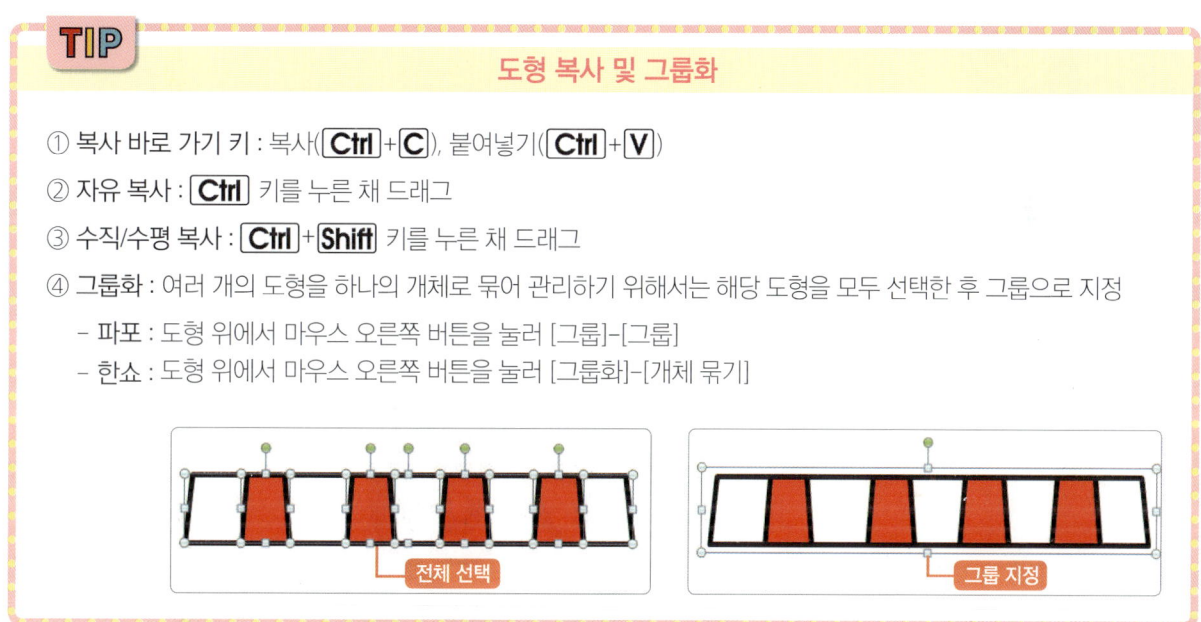

도형 복사 및 그룹화

① 복사 바로 가기 키 : 복사(Ctrl + C), 붙여넣기(Ctrl + V)
② 자유 복사 : Ctrl 키를 누른 채 드래그
③ 수직/수평 복사 : Ctrl + Shift 키를 누른 채 드래그
④ 그룹화 : 여러 개의 도형을 하나의 개체로 묶어 관리하기 위해서는 해당 도형을 모두 선택한 후 그룹으로 지정
　- 파포 : 도형 위에서 마우스 오른쪽 버튼을 눌러 [그룹]-[그룹]
　- 한쇼 : 도형 위에서 마우스 오른쪽 버튼을 눌러 [그룹화]-[개체 묶기]

07 [삽입]-[일러스트레이션]-[도형]-[별 및 현수막]-'포인트가 5개인 별(☆)'을 선택하여 그립니다. 이어서, 노란색 조질짐(◆)을 바깥쪽으로 드래그하여 모양을 변경합니다.

※ 한쇼 : [입력]-[개체]-[자세히 단추(▼)]

08 [서식]-[도형 스타일]-[도형 채우기]-하얀색, [서식]-[도형 스타일]-[도형 윤곽선]-검정색을 지정합니다. 이어서, 크기 및 위치를 조절합니다.

※ 한쇼 : [도형]-[스타일]-[채우기], [도형]-[스타일]-[선 색]

작품 완성하기

작품이 완성되면 020P를 참고하여 이미지 파일(.PNG)로 저장합니다.

❶ **가면** : [기본 도형]-'막힌 원호'를 삽입한 후 노란색 조절점(◇)과 초록색 조절점(●)을 이용하여 모양을 변경한 후 복사합니다.

❷ **방패** :
- [기본 도형]-타원을 계속 복사하여 만듭니다.
- 벨트 위에 있는 별을 복사하여 만듭니다.
- 타원과 별을 모두 선택한 후 그룹으로 지정합니다.

자동차 번호판 키링 만들기

| 학습 목표 | ● 도형을 삽입한 후 다양하게 서식을 지정할 수 있습니다.
● 텍스트를 균등 분할(배분 정렬) 정렬할 수 있습니다. |

📂 **불러올 파일** : 자동차번호판　📄 **완성된 파일** : 자동차번호판(완성)

 완성된 슬라이드!!　　　 완성된 요술작품!!

이렇게 만들어요!　**준비물** : 요술종이에 인쇄된 작품, 펀치, 키링

❶ 인쇄된 요술종이에 구멍을 뚫는다.
❷ 구멍에 맞춰 인쇄된 요술종이를 오린 후 예열된 오븐에 넣고 굽는다.
❸ 구운 요술종이에 고리를 끼우면 작품이 완성!
※ 요술작품 만들기의 모든 과정은 위험할 수 있으니 반드시 선생님 또는 부모님과 함께 작업합니다.

그룹을 해제한 후 색상 변경하기

01 [9차시] 폴더의 '자동차번호' 파일을 불러온 후 자동차 이미지 위에서 마우스 오른쪽 버튼을 눌러 [그룹]-[그룹 해제]를 클릭합니다.

※ 한쇼 : 마우스 오른쪽 버튼-[그룹화]-[개체 풀기]

02 Esc 키를 눌러 모든 개체 선택을 해제한 후 회색 부분만 클릭합니다. 이어서, [서식]-[도형 스타일]-[도형 채우기]-주황색으로 지정합니다.

※ 한쇼 : [도형]-[스타일]-[채우기]

03 똑같은 방법으로 회색 라인과 회색 반원을 진한 주황색으로 채웁니다.

TIP 다른 색상으로 변경하기

오피스의 기본 팔레트에 원하는 색상이 없을 경우 다른 채우기 색(다른 색)에서 원하는 색을 선택할 수 있습니다.

▲ 파워포인트   ▲ 한쇼

작업 2 도형과 글자 상자를 이용하여 번호판 만들기

01 [삽입]-[일러스트레이션]-[도형]-[사각형]-'모서리가 둥근 직사각형(□)'을 선택하여 그린 후 크기 및 위치를 조절합니다. 이어서, [서식]-[도형 스타일]-[도형 채우기]-하얀색을 지정합니다.

※ 한쇼 : [입력]-[개체]-[자세히 단추(▼)], [도형]-[스타일]-[채우기]

02 [서식]-[도형 스타일]-[도형 윤곽선]-검정색을 지정합니다. 이어서, [삽입]-[일러스트레이션]-[도형]-[기본 도형]-텍스트 상자(📄)를 선택하여 그린 후 원하는 차량 번호(예 : 4551)를 입력합니다.

※ 한쇼 : [도형]-[스타일]-[선 색], [입력]-[개체]-[자세히 단추(▼)]-[기본 도형]-가로 글상자

03 텍스트 상자의 테두리를 클릭한 후 [홈]-[글꼴]에서 글꼴(나눔스퀘어라운드 ExtraBold), 크기(50pt)를 지정합니다. 이어서, [홈]-[단락]-균등 분할(📄)을 지정합니다.

※ 한쇼 : [서식]-[글자], [서식]-[문단]-배분 정렬(📄)

 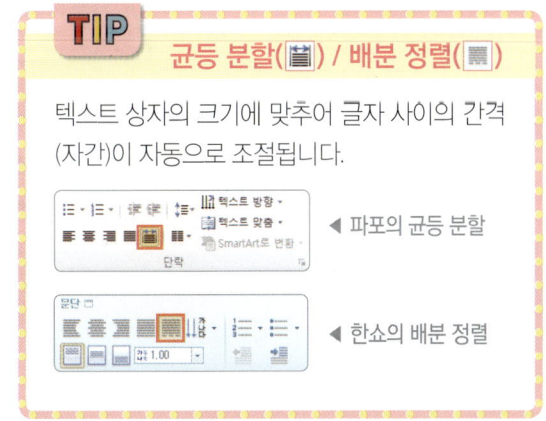

TIP 균등 분할(📄) / 배분 정렬(📄)

텍스트 상자의 크기에 맞추어 글자 사이의 간격(자간)이 자동으로 조절됩니다.

◀ 파포의 균등 분할

◀ 한쇼의 배분 정렬

Chapter 09 자동차 번호판 키링 만들기 **053**

04 텍스트 상자의 크기 및 위치를 조절합니다.

작업 3 도형을 이용하여 후미등을 만든 후 복사하기

01 [삽입]-[일러스트레이션]-[도형]-[사각형]-'모서리가 둥근 직사각형()'을 선택하여 그립니다. 이어서, 크기 및 위치를 조절한 후 [서식]-[도형 스타일]-[도형 채우기]-빨간색을 지정합니다.

※ 한쇼 : [입력]-[개체]-[자세히 단추( )], [도형]-[스타일]-[채우기]

02 [서식]-[도형 스타일]-[도형 윤곽선]-검정색을 지정합니다. 이어서, [삽입]-[일러스트레이션]-[도형]-[수식 도형]-'곱셈 기호( )'를 선택하여 후미등 안쪽에 그린 후 크기 및 위치를 조절합니다.

※ 한쇼 : [도형]-[스타일]-[선 색], [입력]-[개체]-[자세히 단추( )]

03 [서식]-[도형 스타일]-[도형 채우기]-하얀색, [서식]-[도형 스타일]-[도형 윤곽선]-'윤곽선 없음'을 지정합니다.

※ 한쇼 : [도형]-[스타일]-[채우기], [도형]-[스타일]-[선 종류]-선없음

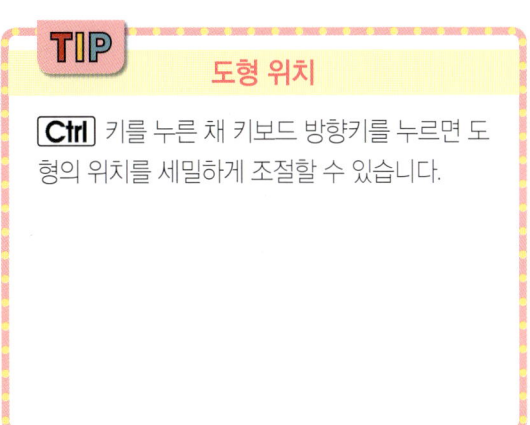

04 [서식]-[도형 스타일]-[도형 효과]-[네온]-'첫 번째 네온(파랑, 5pt 네온, 강조색 1)'을 선택한 후 다른 네온 색을 하얀색으로 변경합니다.

※ 한쇼 : [도형]-[효과]-[네온]-'첫 번째 네온(강조 색 1, 5pt)' 선택 후 다른 네온 색을 하얀색으로 변경

05 마우스로 드래그하여 2개의 도형을 선택한 후 도형 위에서 마우스 오른쪽 버튼을 눌러 [그룹]-[그룹]을 클릭합니다.

※ 한쇼 : 마우스 오른쪽 버튼 [그룹화] [개체 묶기]

06 Ctrl+Shift 키를 누른 채 오른쪽으로 드래그하여 후미등을 복사합니다.

 **작업 4** 도형을 이용하여 범퍼 만들기

01 [삽입]-[일러스트레이션]-[도형]-[사각형]-'양쪽 모서리가 잘린 사각형(◻)'을 선택하여 그립니다. 이어서, 오른쪽의 노란색 조절점(◇)을 왼쪽으로 드래그하여 모양을 변경합니다.

※ 한쇼 : [입력]-[개체]-[자세히 단추(▽)]

02 [서식]-[정렬]-[회전]-'상하 대칭'을 클릭합니다. 이어서, 크기 및 위치를 조절합니다.

※ 한쇼 : [도형]-[회전/대칭]-상하 대칭

03 [서식]-[도형 스타일]-[도형 채우기]-진한 회색, [서식]-[도형 스타일]-[도형 윤곽선]-'윤곽선 없음'을 지정합니다.

※ 한쇼 : [도형]-[스타일]-[채우기], [도형]-[스타일]-[선 종류]-선 없음

❶ 색상 변경

❷ 윤곽선 변경

작품 완성하기

작품이 완성되면 020P를 참고하여 이미지 파일(.PNG)로 저장합니다.

❶ **번호판 볼트** : [9차시] 폴더의 '볼트' 이미지를 불러와 크기 및 위치를 조절한 후 복사합니다.

❷ **타이어** : [9차시] 폴더의 '타이어' 이미지를 불러와 복사한 후 맨 뒤로 보냅니다.

- 파포 : 개체 위에서 마우스 오른쪽 버튼-[맨 뒤로 보내기]
- 한쇼 : 개체 위에서 마우스 오른쪽 버튼-[순서]-[맨 뒤로]

스노우볼 산타 만들기

학습 목표
- 도형의 서식을 변경한 후 기본 도형으로 설정할 수 있습니다.
- 슬라이드 화면을 확대/축소할 수 있습니다.

📁 **불러올 파일** : 산타   💾 **완성된 파일** : 산타(완성)

 완성된 슬라이드!!

 완성된 요술작품!!

★ 10~12차시의 완성된 작품(3개)을 이용하여 12차시에서 스노우볼을 만듭니다.

작업 1 도형을 이용하여 산타 얼굴과 귀 만들기

01 [10차시] 폴더의 '산타' 파일을 불러옵니다. [삽입]-[일러스트레이션]-[도형]-[기본 도형]-'타원(◯)'을 선택하여 그린 후 크기 및 위치를 조절합니다.

※ 한쇼 : [입력]-[개체]-[자세히 단추(▼)]

02 [서식]-[도형 스타일]-[도형 윤곽선]-'윤곽선 없음'을 지정합니다. 이어서, 얼굴 도형 위에서 마우스 오른쪽 버튼을 눌러 [기본 도형으로 설정]을 클릭합니다.

※ 한쇼 : [도형]-[스타일]-[선 종류]-선 없음

> **TIP 기본 도형으로 설정**
>
> 특정 도형을 기본 도형으로 설정하면 해당 도형의 속성(색상, 윤곽선 등)이 기본 값으로 지정되어 다음에 그릴 도형들은 해당 도형과 똑같은 속성으로 변경됩니다. 이번 차시에서는 외곽선이 없는 도형을 기본 도형으로 지정하도록 합니다.

03 [서식]-[도형 스타일]-[도형 채우기]-살구색을 지정합니다. 이어서, Ctrl 키를 누른 채 드래그하여 복사합니다.

※ 한쇼 : [도형]-[스타일]-[채우기]

Chapter 10 스노우볼 산타 만들기

04 귀의 크기 및 위치를 조절한 후 Ctrl+Shift 키를 누른 채 오른쪽으로 드래그하여 복사합니다.

05 [삽입]-[이미지]-[그림]을 클릭한 후 [10차시]-[산타꾸미기] 폴더에서 원하는 산타모자 이미지를 삽입합니다. 이어서, 크기 및 위치를 조절합니다.

※ 한쇼 : [입력]-[개체]-[그림]

작업 2 도형을 이용하여 눈썹 만들기

01 [삽입]-[일러스트레이션]-[도형]-[기본 도형]-'달(☾)'을 선택하여 그립니다. 이어서, [서식]-[도형 스타일]-[도형 채우기]-하얀색을 지정합니다.

※ 한쇼 : [입력]-[개체]-[자세히 단추()], [도형]-[스타일]-[채우기]

02 슬라이드 화면을 확대시켜 도형의 조절점(,)이 보이도록 변경합니다. 이어서, 초록색 조절점( )을 드래그하여 회전시킵니다.

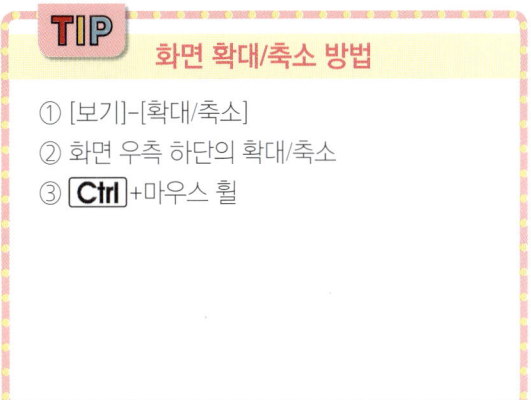

03 크기를 조절한 후 위치를 변경합니다. 이어서, Ctrl + Shift 키를 누른 채 오른쪽으로 드래그하여 복사합니다.

04 [서식]-[정렬]-[회전]-'좌우 대칭'을 클릭한 후 Shift 키를 누른채 개체를 드래그하여 반듯하게 위치를 변경합니다.

  ※ 한쇼 : [도형]-[회전/대칭]-좌우 대칭

작업 3 도형을 이용하여 눈 만들기

01 [삽입]-[일러스트레이션]-[도형]-[기본 도형]-'타원(◯)'을 선택하여 그린 후 크기 및 위치를 조절합니다. 이어서, [서식]-[도형 스타일]-[도형 채우기]-검정색을 지정합니다.

  ※ 한쇼 : [입력]-[개체]-[자세히 단추(▼)], [도형]-[스타일]-[채우기]

02 Ctrl 키를 누른 채 드래그하여 복사한 후 [서식]-[도형 스타일]-[도형 채우기]-하얀색을 지정합니다.

  ※ 한쇼 : [도형]-[스타일]-[채우기]

03 크기를 조절한 후 위치를 이동시킵니다.

  ※ 프로그램의 화면을 확대하여 도형의 크기 및 위치를 조절하면 편리합니다.

04 눈을 그룹으로 지정하기 위하여 Shift 키를 누른 채 검정색 도형을 클릭합니다. 2개의 도형이 모두 선택되면 도형 위에서 마우스 오른쪽 버튼을 눌러 [그룹]-[그룹]을 클릭합니다.

※ 한쇼 : 마우스 오른쪽 버튼-[그룹화]-[개체 묶기]

05 Ctrl + Shift 키를 누른 채 오른쪽으로 드래그하여 눈을 복사합니다.

06 [삽입]-[이미지]-[그림]을 클릭한 후 [10차시] 폴더에서 원하는 수염 이미지를 삽입합니다. 이어서, 크기 및 위치를 조절합니다.

※ 한쇼 : [입력]-[개체]-[그림]

작품 완성하기 작품이 완성되면 020P를 참고하여 이미지 파일(.PNG)로 저장합니다.

❶ **코** : [기본 도형]-'타원'을 이용하여 만든 후 네온 효과를 적용시킵니다.
- 파포 : [서식]-[도형 스타일]-[도형 효과]-[네온]
- 한쇼 : [도형]-[효과]-[네온]

❷ **볼** : [기본 도형]-'타원'을 이용하여 만든 후 부드러운 가장자리 효과를 적용시킵니다.
- 파포 : [서식]-[도형 스타일]-[도형 효과]-[부드러운 가장자리]
- 한쇼 : [도형]-[효과]-[옅은 테두리]

❸ **입** : [기본 도형]-'달'을 이용하여 만듭니다.
- 모양 변경, 회전, 크기 조절

CHAPTER 11

스노우볼 트리 만들기

학습 목표
- 곡선을 삽입할 수 있습니다.
- 곡선의 서식 및 효과를 지정할 수 있습니다.

📁 불러올 파일 : 트리 💾 완성된 파일 : 트리(완성)

 완성된 슬라이드!!

 완성된 요술작품!!

★ 10~12차시의 완성된 작품(3개)을 이용하여 12차시에서 스노우볼을 만듭니다.

 **도형을 이용하여 별 만들기**

01 [11차시] 폴더의 '트리' 파일을 불러옵니다. [삽입]-[일러스트레이션]-[도형]-[별 및 현수막]-'포인트가 5개인 별(☆)'을 선택하여 그립니다. 이어서, 노란색 조절점(◇)을 왼쪽 위로 드래그하여 모양을 변경합니다.

※ 한쇼 : [입력]-[개체]-[자세히 단추(▼)]

02 크기 및 위치를 조절한 후 [서식]-[도형 스타일]-[도형 채우기]-노란색, [서식]-[도형 스타일]-[도형 윤곽선]-'윤곽선 없음'을 지정합니다.

※ 한쇼 : [도형]-[스타일]-[채우기], [도형]-[스타일]-[선 종류]-선 없음

03 [삽입]-[일러스트레이션]-[도형]-[별 및 현수막]-'포인트가 10개인 별(✺)'을 선택하여 그립니다. 이어서, 노란색 조절점(◇)을 아래로 드래그하여 모양을 변경합니다.

※ 한쇼 : [입력]-[개체]-[자세히 단추(▼)]

04 별 모양의 크기 및 위치를 조절합니다. 이어서, [서식]-[도형 스타일]-[도형 채우기]-하얀색, [서식]-[도형 스타일]-[도형 윤곽선]-'윤곽선 없음'을 지정합니다.

※ 한쇼 : [도형]-[스타일]-[채우기], [도형]-[스타일]-[선 종류]-선 없음

 ## 곡선 그리기

01 [삽입]-[일러스트레이션]-[도형]-[선]-'곡선( )'을 선택하여 그림과 같이 트리 상단에 그립니다.

※ 한쇼 : [입력]-[개체]-[자세히 단추( )]

▲ 시작 위치를 클릭   ▲ 첫 번째 포인트 클릭

▲ 마지막 포인트를 더블 클릭   ▲ 곡선 모양 확인

02 트리 상단에 곡선이 완성되면 똑같은 방법으로 트리 중간에 곡선을 그립니다.

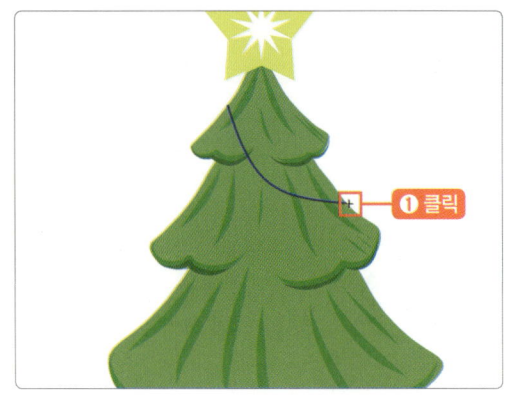
▲ 시작 위치 클릭

▲ 첫 번째 포인트 클릭

▲ 마지막 포인트를 더블 클릭

▲ 곡선 모양 확인

> **TIP** 곡선 만들기
>
> 곡선을 만들기 시작하려는 위치가 클릭된 상태에서 마우스를 오른쪽으로 드래그하면 왼쪽을 기준으로 곡선이 그려지며, 왼쪽으로 드래그하면 오른쪽을 기준으로 곡선이 그려집니다.
>
>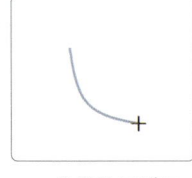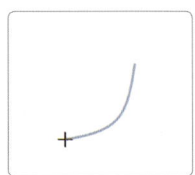
> ▲ 오른쪽 드래그   ▲ 왼쪽 드래그

03 똑같은 방법으로 트리 아래쪽에 곡선을 그립니다.

작업 3 곡선의 서식을 변경하여 반짝이는 전구 모양 만들기

01 첫 번째 곡선 위에서 마우스 오른쪽 버튼을 눌러 [도형 서식]을 클릭합니다.

※ 한쇼 : 마우스 오른쪽 버튼-[개체 속성]

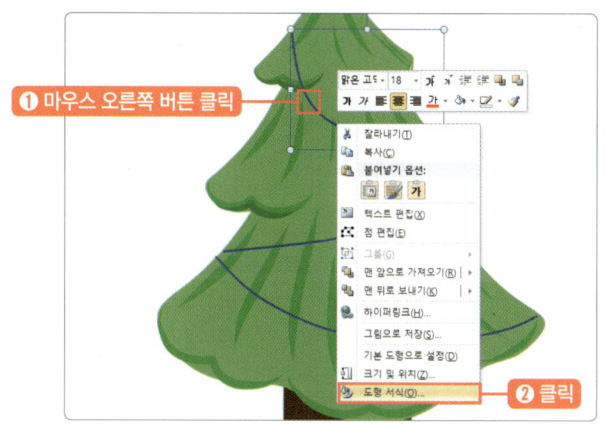

02 도형 서식을 아래와 같이 설정합니다.

❶ [선 색] : 색(하얀색)

❷ [선 스타일] : 너비(6), 대시 종류(둥근 점선), 끝 모양 종류(원형)

❸ [네온 및 부드러운 가장자리] : 미리 설정에서 첫 번째 줄의 가장 얇은 네온 선택

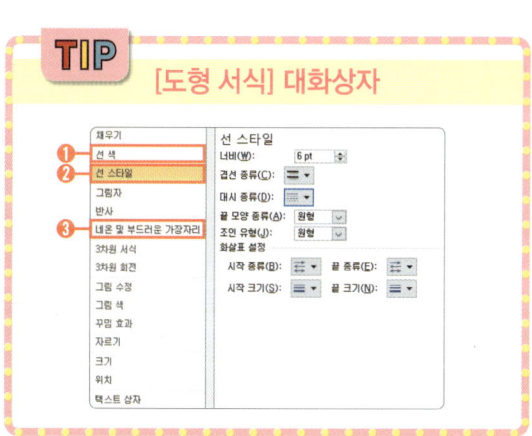

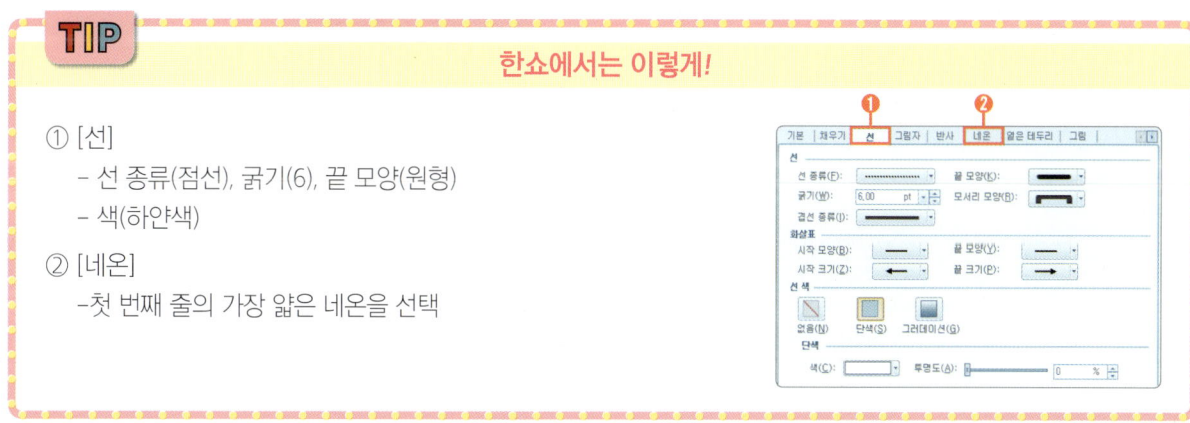

① [선]
- 선 종류(점선), 굵기(6), 끝 모양(원형)
- 색(하얀색)

② [네온]
- 첫 번째 줄의 가장 얇은 네온을 선택

03 똑같은 방법으로 나머지 곡선의 서식을 변경하여 반짝이는 전구 모양으로 만듭니다.

 **이미지 넣기**

01 [삽입]-[이미지]-[그림]을 클릭한 후 [11차시]-[트리꾸미기] 폴더에서 '종' 이미지를 삽입합니다. 이어서, 크기 및 위치를 조절합니다.

※ 한쇼 : [입력]-[개체]-[그림]

작품 완성하기

작품이 완성되면 020P를 참고하여 이미지 파일(.PNG)로 저장합니다.

❶ 다양한 이미지를 삽입하여 트리를 예쁘게 꾸밉니다.

스노우볼 곰돌이 만들기

학습 목표
- 도형에 색상을 채운 후 그라데이션을 지정할 수 있습니다.
- 다양한 복사 방법을 익힐 수 있습니다.

📁 **불러올 파일** : 없음   💾 **완성된 파일** : 곰돌이(완성)

 **완성된 슬라이드!!**

 **완성된 요술작품!!**

★ 10~12차시의 완성된 작품(3개)을 이용하여 12차시에서 스노우볼을 만듭니다.

작업 1 레이아웃을 변경한 후 도형을 이용하여 기본 얼굴 모양 만들기

01 프로그램을 실행한 후 슬라이드의 빈 곳 위에서 마우스 오른쪽 버튼을 눌러 [레이아웃]-'빈 화면'을 클릭합니다. 이어서, [삽입]-[일러스트레이션]-[도형]-[기본 도형]-'타원(◯)'을 선택하여 그립니다.

※ 한쇼 : [입력]-[개체]-[자세히 단추(▼)]

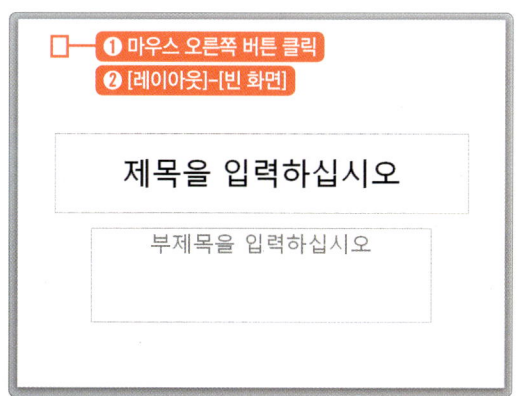 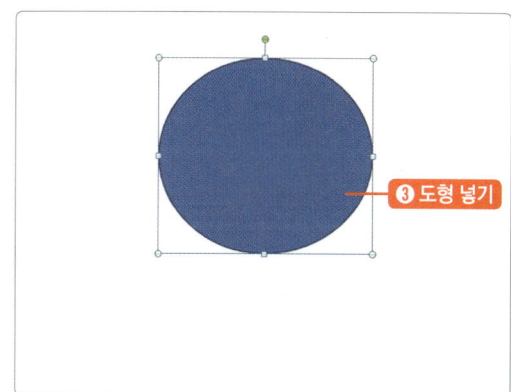

02 [서식]-[도형 스타일]-[도형 윤곽선]-'윤곽선 없음'을 지정합니다. 이어서, 얼굴 도형 위에서 마우스 오른쪽 버튼을 눌러 [기본 도형으로 설정]을 클릭합니다.

※ 한쇼 : [도형]-[스타일]-[선 종류]-선 없음

> **TIP 기본 도형으로 설정**
>
> 특정 도형을 기본 도형으로 설정하면 해당 도형의 속성(색상, 윤곽선 등)이 기본 값으로 지정되어 다음에 그릴 도형들은 똑같은 속성으로 변경됩니다. 이번 차시에서는 외곽선이 없는 도형을 기본 도형으로 지정하도록 합니다.

03 [서식]-[도형 스타일]-[도형 채우기]-주황색을 지정합니다. 이어서, [서식]-[도형 스타일]-[도형 채우기]-[그라데이션]을 지정합니다.

※ 한쇼 : [도형]-[스타일]-[채우기], [도형]-[스타일]-[채우기]-[그러데이션]

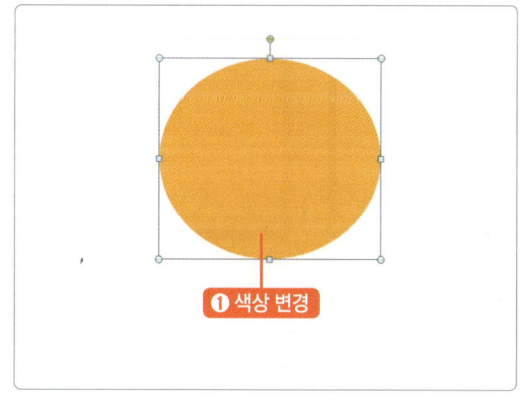 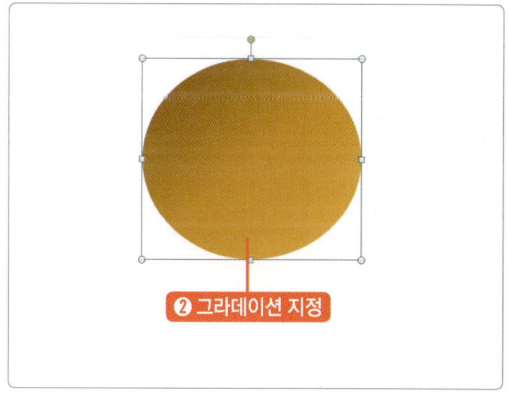

04 얼굴 모양이 완성되면 크기 및 위치를 조절합니다.

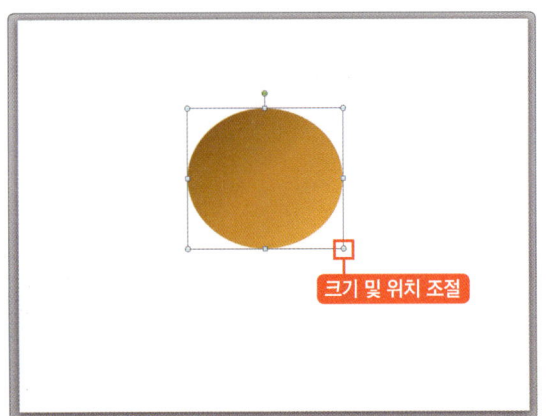

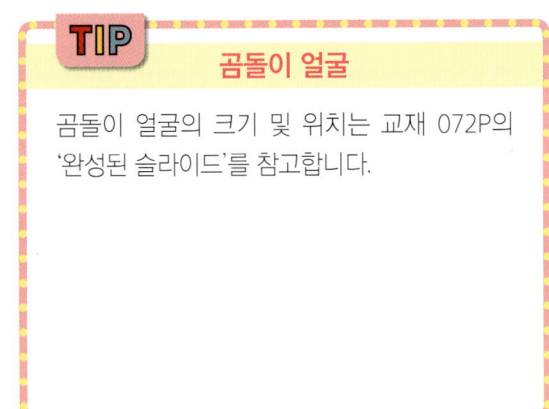

TIP 곰돌이 얼굴

곰돌이 얼굴의 크기 및 위치는 교재 072P의 '완성된 슬라이드'를 참고합니다.

작업 2 도형을 복사하여 입과 귀 만들기

01 Ctrl 키를 누른 채 드래그하여 복사한 후 [서식]-[도형 스타일]-[도형 채우기]-살구색을 지정합니다.

※ 한쇼 : [도형]-[스타일]-[채우기]

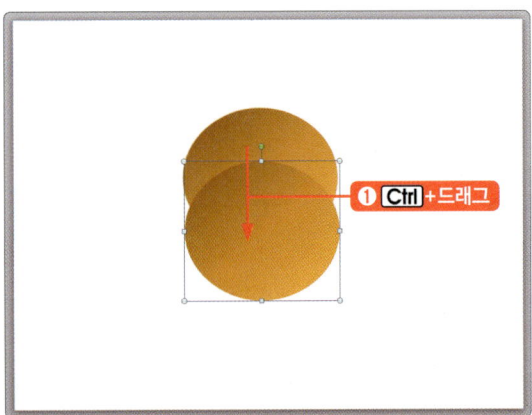

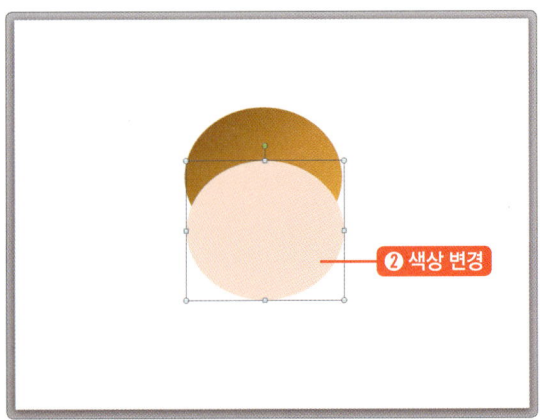

02 도형의 크기 및 위치를 조절합니다. 이어서, Ctrl 키를 누른 채 드래그하여 복사합니다.

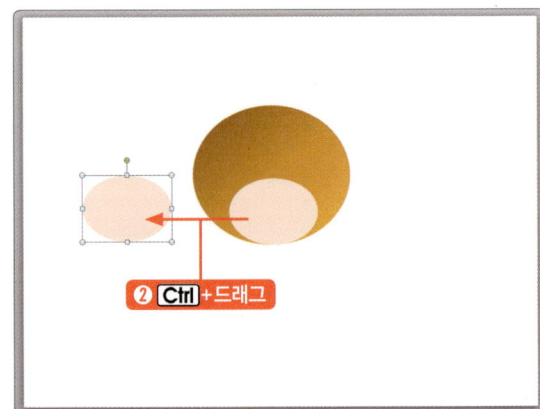

03 그라데이션이 적용된 도형을 복사한 후 크기를 조절합니다.

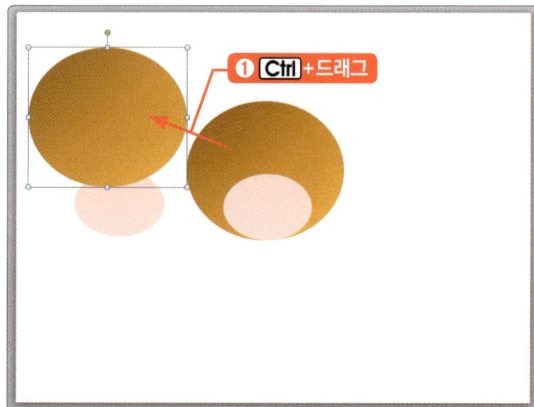 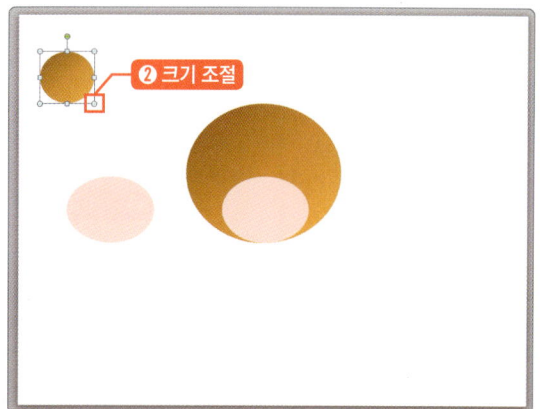

04 복사된 살구색 도형을 선택한 후 크기를 조절합니다. 이어서, 도형 위에서 마우스 오른쪽 버튼을 눌러 [맨 앞으로 가져오기]를 선택한 후 복사된 주황색 도형 위로 위치를 이동시킵니다.

※ 한쇼 : 마우스 오른쪽 버튼-[순서]-[맨 앞으로]

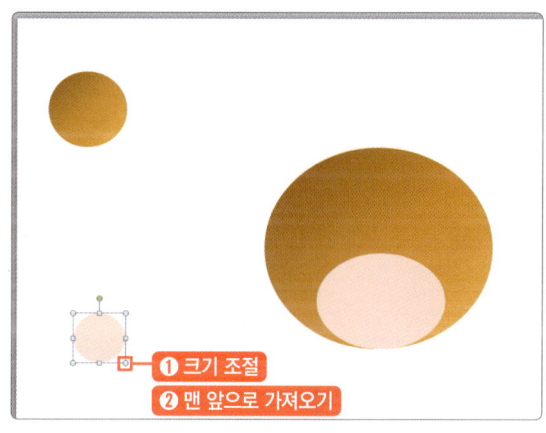 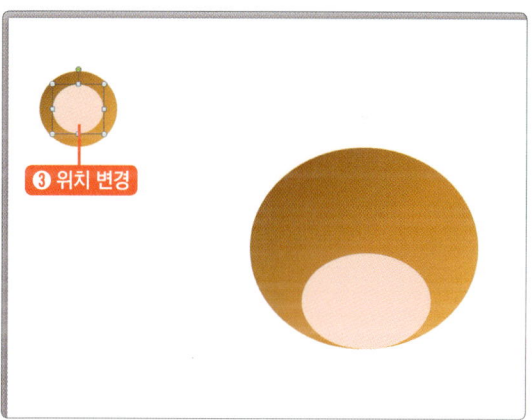

05 Shift 키를 누른 채 주황색 도형을 클릭합니다.

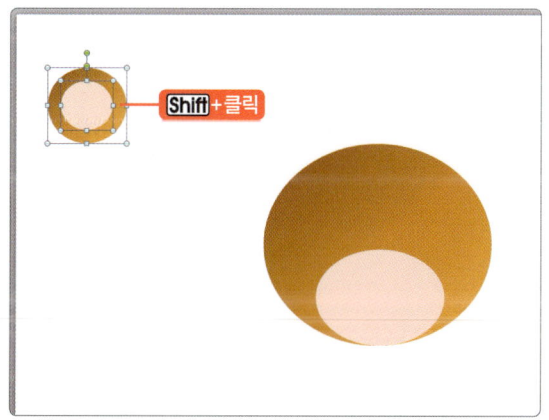 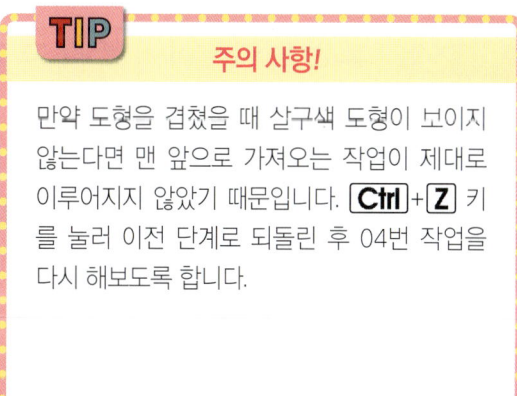

TIP 주의 사항!

만약 도형을 겹쳤을 때 살구색 도형이 보이지 않는다면 맨 앞으로 가져오는 작업이 제대로 이루어지지 않았기 때문입니다. Ctrl+Z 키를 눌러 이전 단계로 되돌린 후 04번 작업을 다시 해보도록 합니다.

06 2개의 도형이 선택되면 도형 위에서 마우스 오른쪽 버튼을 눌러 [그룹]-[그룹]을 클릭한 후 얼굴 쪽으로 위치를 이동시킵니다.

※ 한쇼 : 마우스 오른쪽 버튼-[그룹화]-[개체 묶기]

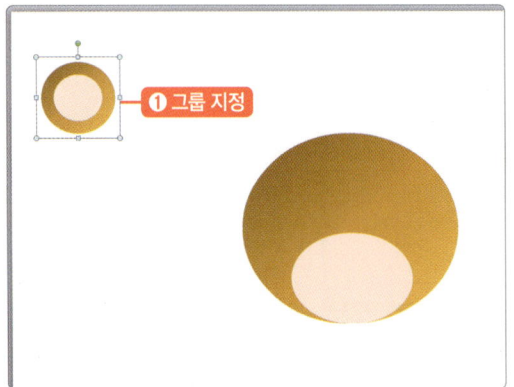
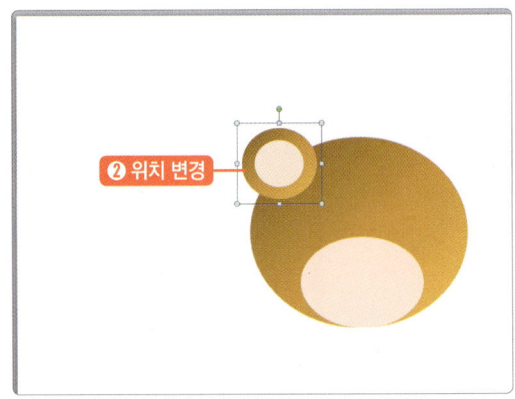

07 Ctrl+Shift 키를 누른 채 오른쪽으로 드래그하여 귀를 복사합니다. 이어서, Shift 키를 누른 채 왼쪽 귀를 선택한 후 귀 위에서 마우스 오른쪽 버튼을 눌러 [맨 뒤로 보내기]를 클릭합니다.

※ 한쇼 : 마우스 오른쪽 버튼-[순서]-[맨 뒤로]

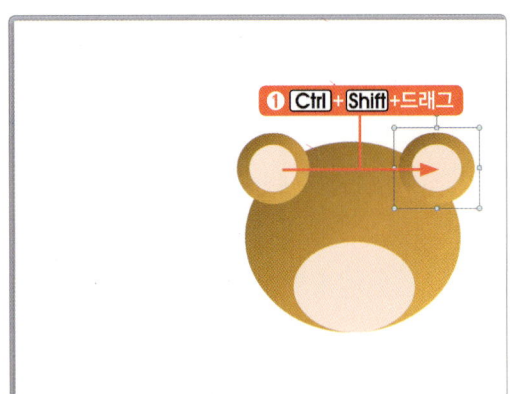
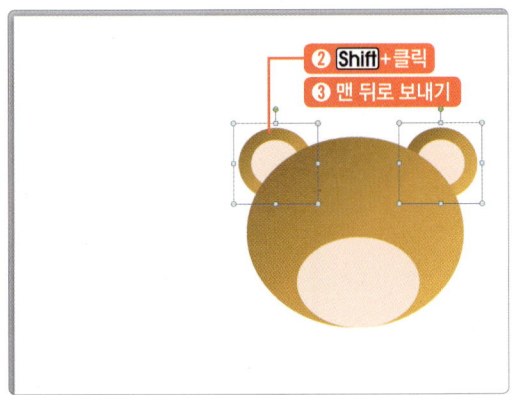

작업 3 도형을 복사하여 눈과 코 만들기

01 아래쪽 살구색 도형을 선택한 상태에서 Ctrl 키를 누른 채 위쪽으로 드래그하여 복사한 후 [서식]-[도형 스타일]-[도형 채우기]-검정색을 지정합니다.

※ 한쇼 : [도형]-[스타일]-[채우기]

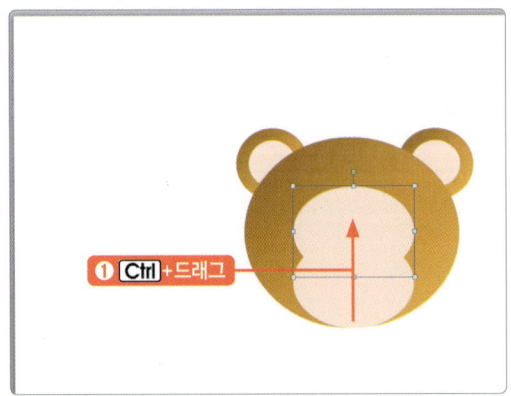

02 코의 크기 및 위치를 조절합니다. 이어서, Ctrl 키를 누른 채 도형을 드래그하여 복사합니다.

03 눈의 크기 및 위치를 조절합니다. 이어서, Ctrl 키를 누른 채 도형을 드래그하여 복사합니다.

04 [서식]-[도형 스타일]-[도형 채우기]-하얀색을 지정합니다. 이어서, 크기 및 위치를 조절합니다.

※ 한쇼 : [도형]-[스타일]-[채우기]

05 Shift 키를 누른 채 눈 쪽의 검정색 도형을 선택한 후 도형 위에서 마우스 오른쪽 버튼을 눌러 [그룹]-[그룹]을 클릭합니다.

※ 한쇼 : [그룹화]-[개체 묶기]

06 Ctrl+Shift 키를 누른 채 오른쪽으로 드래그하여 눈을 복사합니다. 이어서, [서식]-[정렬]-[회전]-'좌우 대칭'을 클릭합니다.

※ 한쇼 : [도형]-[회전/대칭]-좌우 대칭

 **작업 4 도형을 복사하여 몸통 만들기**

01 주황색 얼굴 도형을 선택한 후 Shift 키를 누른 채 입 도형을 클릭합니다. 2개의 도형이 선택되면 Ctrl+Shift 키를 누른 채 아래쪽으로 드래그하여 복사합니다.

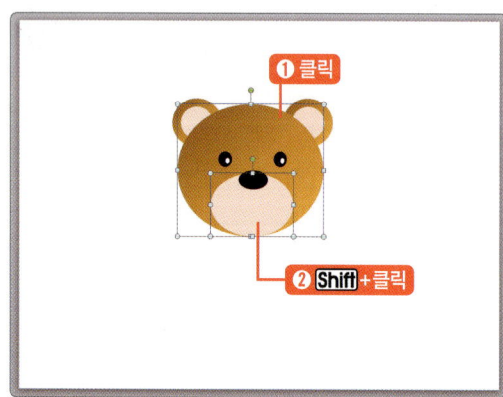 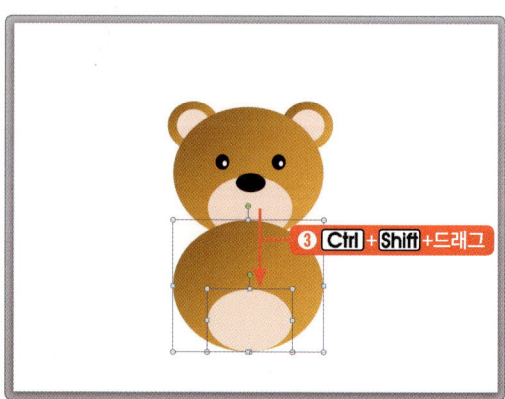

02 몸통 위에서 마우스 오른쪽 버튼을 눌러 [맨 뒤로 보내기]를 클릭한 후 Esc 키를 누릅니다. 이어서, 주황색 몸통 도형을 선택한 후 크기 및 위치를 조절합니다.

※ 한쇼 : 마우스 오른쪽 버튼-[순서]-[맨 뒤로]

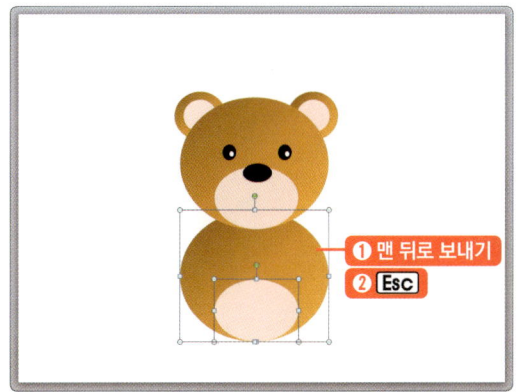 

03 살구색 몸통 도형을 선택한 후 크기 및 위치를 조절합니다.

 **산타 모자 이미지 넣기**

01 [삽입]-[이미지]-[그림]을 클릭한 후 [12차시] 폴더에서 원하는 산타모자 이미지를 삽입합니다. 이어서, 크기 및 위치를 조절한 후 초록색 조절점( )을 드래그하여 회전시킵니다.

※ 한쇼 : [입력]-[개체]-[그림]

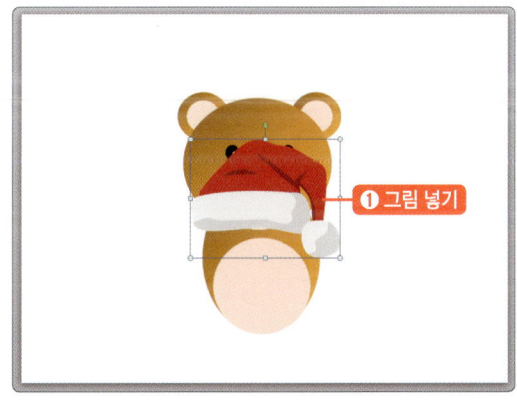 

작품이 완성되면 020P를 참고하여 이미지 파일(.PNG)로 저장합니다.

❶ 팔 : 주황색 몸통 도형을 복사하여 팔을 만든 후 회전시켜 맨 뒤로 보냅니다.
- 팔을 복사하여 좌우 대칭
❷ 발 : 팔과 배 도형을 복사하여 발을 만듭니다.
- 발을 그룹으로 지정한 후 복사하여 좌우 대칭
❸ 목도리 : [12차시] 폴더의 '목도리' 이미지를 불러와 크기 및 위치를 조절합니다.

| 이렇게 만들어요! | **준비물** : 요술종이에 인쇄된 작품, 투명 매니큐어, 공병, 글리세린, 글리터(반짝이), 글루건, 페트병 뚜껑 |

▲ 10차시 작품

▲ 11차시 작품

▲ 12차시 작품

▲ 투명 매니큐어

▲ 공병

▲ 글리세린

▲ 글리터(반짝이)

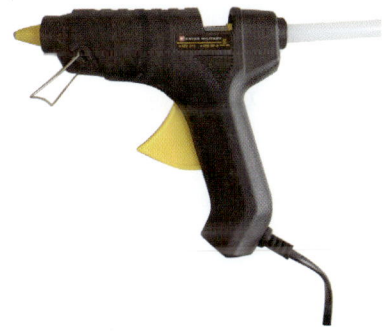
▲ 글루건

▲ 페트병 뚜껑

※ 10, 11, 12 차시의 작품으로 스노우 볼을 만들 수 있습니다.
※ 요술작품 만들기의 모든 과정은 위험할 수 있으니 반드시 선생님 또는 부모님과 함께 작업합니다.

❶ 인쇄된 요술종이를 오린 후 예열된 오븐에 구워 완성된 플라스틱 작품을 준비합니다.

❷ 구워진 플라스틱 작품에 투명 매니큐어를 칠하여 코팅한 후 완전히 마를 때까지 기다립니다.

❸ 글루건을 이용하여 작품(산타, 트리, 곰돌이)을 두 개로 접착된 페트병 뚜껑 위에 붙입니다.

❹ 글루건을 이용하여 페트병 뚜껑을 공병 뚜껑 안쪽에 붙입니다.

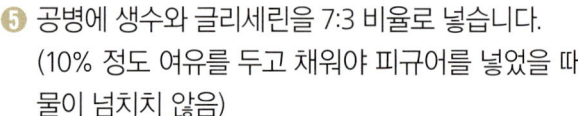

❺ 공병에 생수와 글리세린을 7:3 비율로 넣습니다.
(10% 정도 여유를 두고 채워야 피규어를 넣었을 때 물이 넘치지 않음)

❻ 적당한 양의 글리터(반짝이)를 공병에 넣은 후 저어 줍니다.

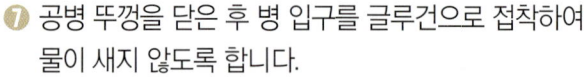

❼ 공병 뚜껑을 닫은 후 병 입구를 글루건으로 접착하여 물이 새지 않도록 합니다.

아이스크림 책갈피 만들기

학습 목표
- 도형 편집의 도형 모양 변경 기능을 사용할 수 있습니다.
- 도형 편집의 점편집 기능을 사용할 수 있습니다.

📂 **불러올 파일** : 아이스크림   💾 **완성된 파일** : 아이스크림(완성)

 완성된 슬라이드!!

 완성된 요술작품!!

이렇게 만들어요!   **준비물** : 요술종이에 인쇄된 작품, 펀치, 금속 책갈피, 니퍼

① 인쇄된 요술종이에 구멍을 뚫는다.
② 구멍에 맞춰 인쇄된 요술종이를 오린 후 예열된 오븐에 넣고 굽는다.
③ 니퍼를 이용하여 O링에 인쇄된 요술종이를 매달면 작품이 완성!
   ▶ 만약 아이스크림막대를 이용하여 책갈피를 만들 경우에는 글루건으로 접착하여 완성합니다.

※ 요술작품 만들기의 모든 과정은 위험할 수 있으니 반드시 선생님 또는 부모님과 함께 작업합니다.

 **작업 1** 타원을 넣어 아이스크림 색상 채우기

01 [13차시] 폴더의 '아이스크림' 파일을 불러옵니다. 이어서, 왼쪽 슬라이드 탭에서 [1슬라이드]를 클릭한 후 Enter 키를 눌러 슬라이드를 추가합니다.

02 [삽입]-[일러스트레이션]-[도형]-[기본 도형]-'타원(◯)'을 선택하여 그립니다. 이어서, [서식]-[도형 스타일]-[도형 윤곽선]-'윤곽선 없음'으로 지정합니다.

※ 한쇼 : [입력]-[개체]-[자세히 단추(▼)], [도형]-[스타일]-[선 종류]-선 없음

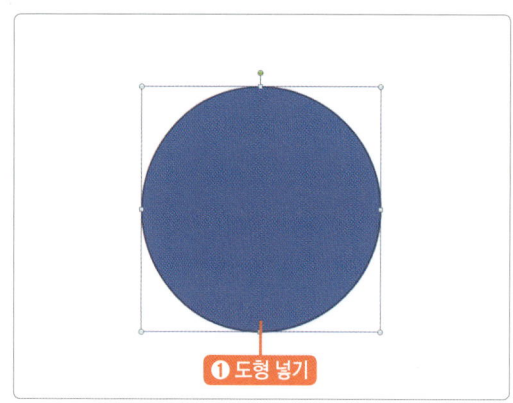 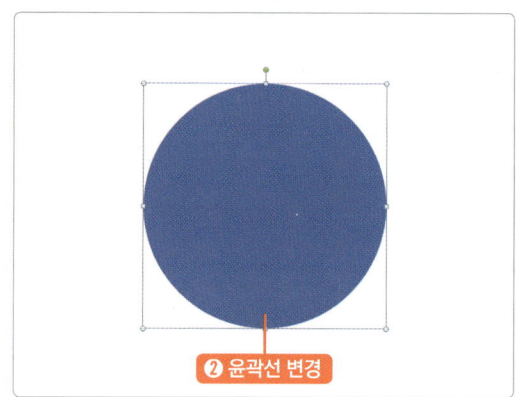

03 [서식]-[도형 스타일]-[도형 채우기]에서 원하는 색상을 선택합니다.

※ 한쇼 : [도형]-[스타일]-[채우기]

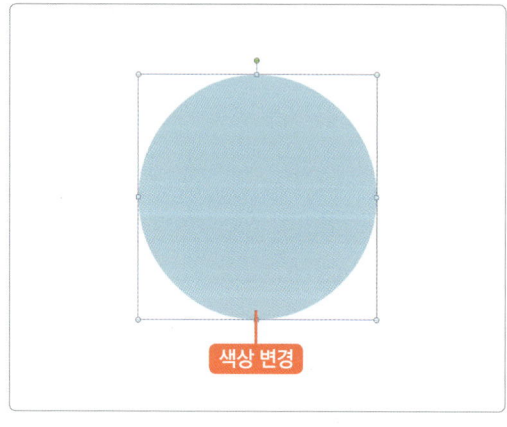 

도형 모양 변경 기능으로 도형 편집하기

01 `Ctrl`+`Shift` 키를 누른 채 드래그하여 도형을 복사한 후 [서식]-[도형 스타일]-[도형 채우기]에서 원하는 색상을 선택합니다.

※ 한쇼 : [도형]-[스타일]-[채우기]

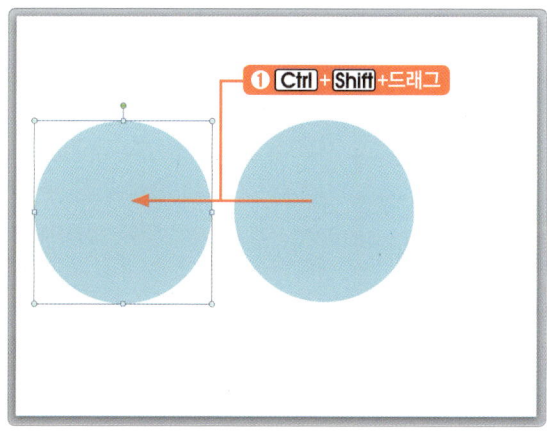
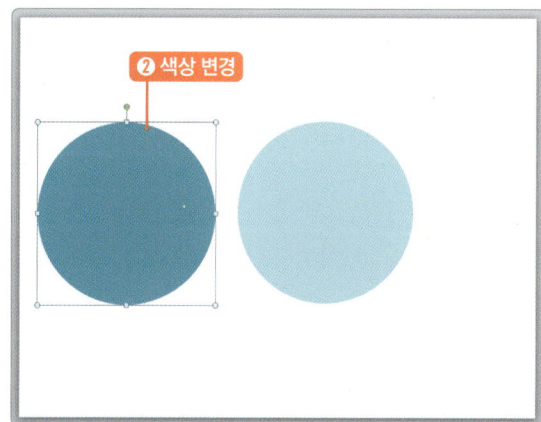

02 [서식]-[도형 삽입]-[도형 편집]-[도형 모양 변경]-[기본 도형]-'달(☾)'을 선택합니다. 이어서, `Shift` 키를 누른 채 초록색 조절점(●)을 드래그하여 도형을 회전시킨 후 위치를 변경합니다.

※ 한쇼 : [도형]-[도형]-[도형 편집]-[도형 모양 변경]

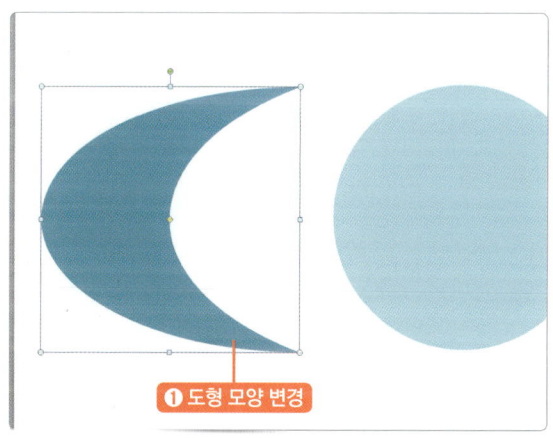
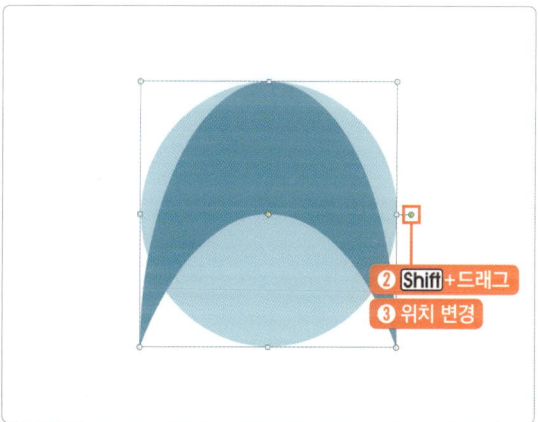

03 도형의 아래쪽 조절점을 위쪽으로 드래그하여 크기를 조절합니다. 이어서, 노란색 조절점(◆)을 아래쪽으로 드래그하여 모양을 변경합니다.

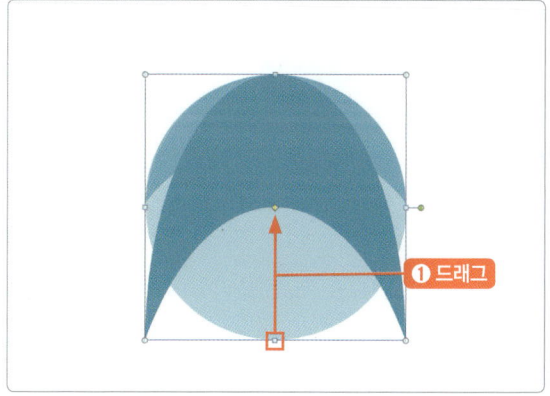
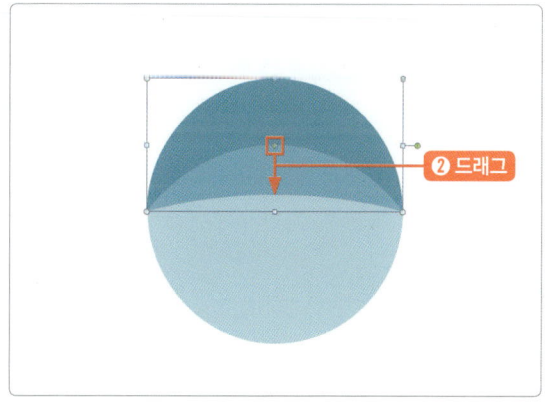

작업 3 점편집 기능으로 도형 편집하기(곡선으로 점 추가하기)

01 '달' 도형이 선택된 상태에서 [서식]-[도형 삽입]-[도형 편집]-점 편집을 클릭합니다.

※ 한쇼 : [도형]-[도형]-[도형 편집]-점 편집

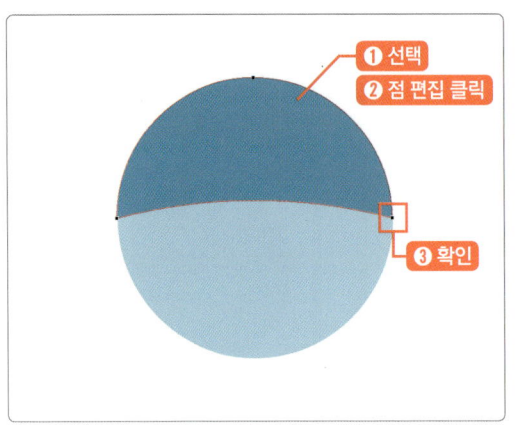

TIP [도형 편집]-점편집

프로그램에서 제공되는 기본적인 도형을 이용하여 다른 모양으로 편집할 수 있는 기능입니다. 점편집이 활성화 되었을 때는 선택된 도형의 꼭짓점마다 검정색 점(■)이 나타나며, 이 점과 점을 잇는 선을 이용하여 새로운 모양으로 변경할 수 있습니다.

02 도형의 테두리 위에서 마우스 포인터가 모양으로 변경되면 아래쪽으로 드래그하여 그림과 같이 점을 추가한 후 곡선으로 변경합니다.

※ 한쇼 : 마우스 포인터가 모양으로 변경되면 아래쪽으로 드래그하여 점을 추가

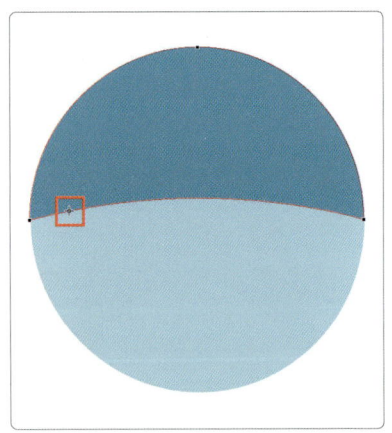 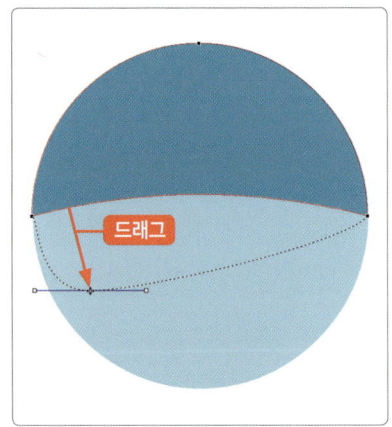 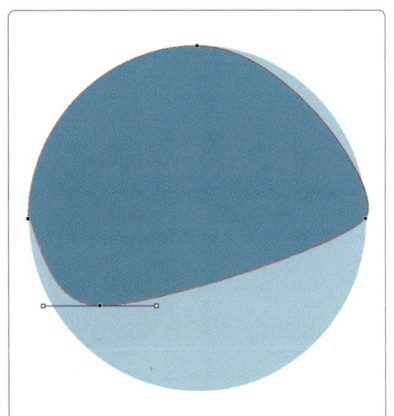

03 똑같은 방법으로 위쪽으로 드래그하여 그림과 같이 점을 추가합니다.

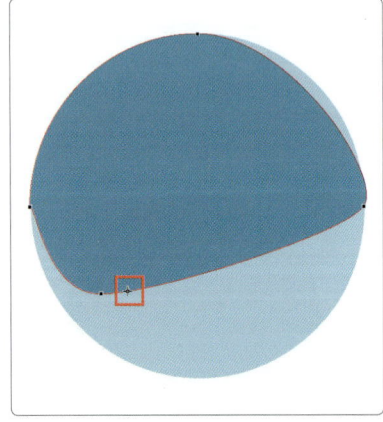  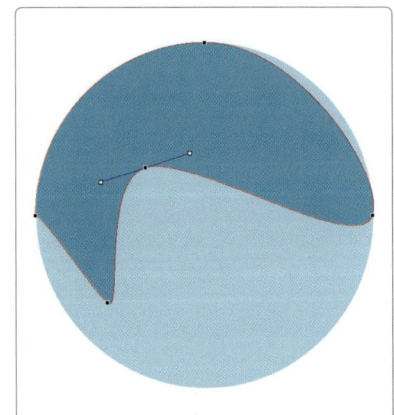

04 다시 아래쪽으로 드래그하여 그림과 같이 점을 추가합니다.

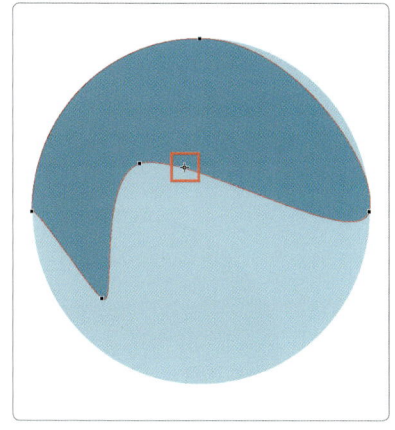 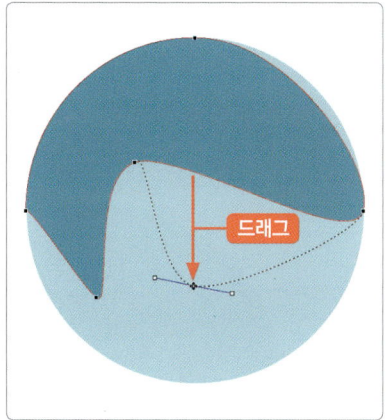 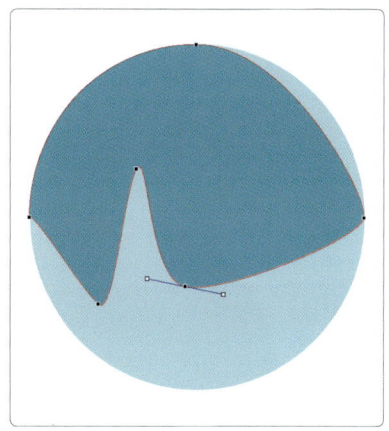

05 다음을 참고하여 그림과 같이 점 추가를 완료합니다.

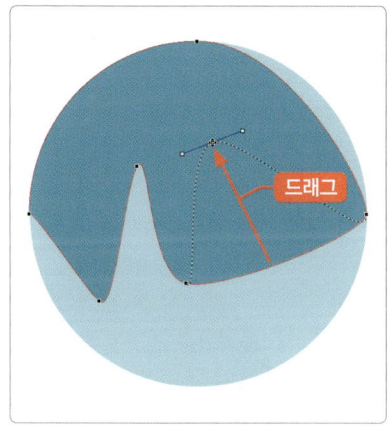 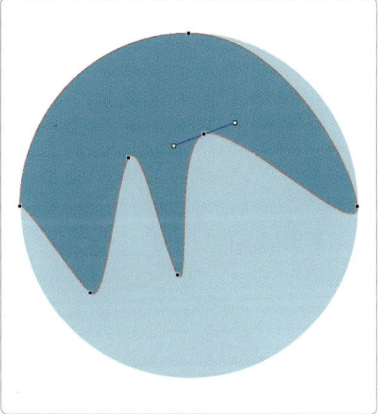 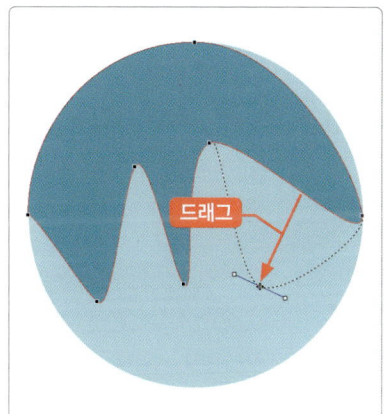

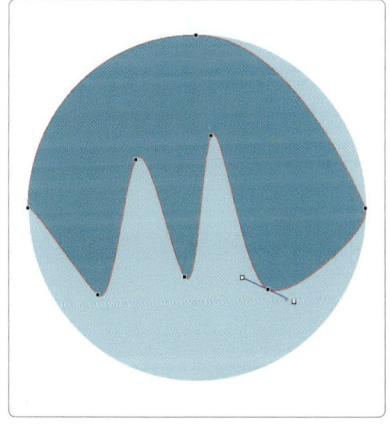 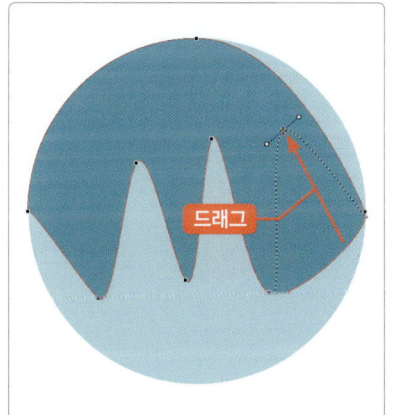 

한쇼 완성 이미지

한쇼는 점편집 환경이 조금 다르기 때문에 오른쪽 이미지와 비슷한 형태의 곡선으로 점을 추가할 수 있습니다.

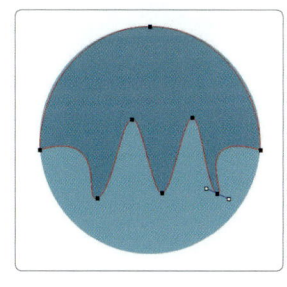

작업 4 추가한 점을 편집하여 아이스크림이 흘러내리는 느낌 완성하기

01 점편집 기능이 활성화된 상태에서 아래쪽 첫 번째 사각형 조절점(■)을 클릭하여 왼쪽 흰색 사각형 조절점(□)을 드래그한 후 그림과 같이 도형을 곡선으로 편집합니다.

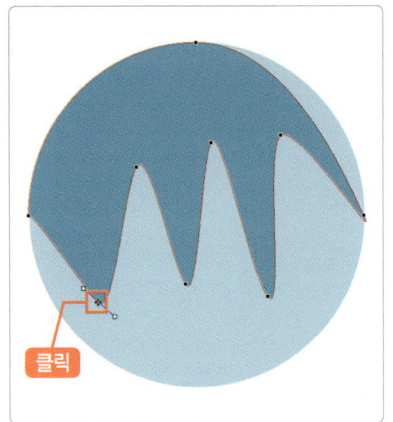 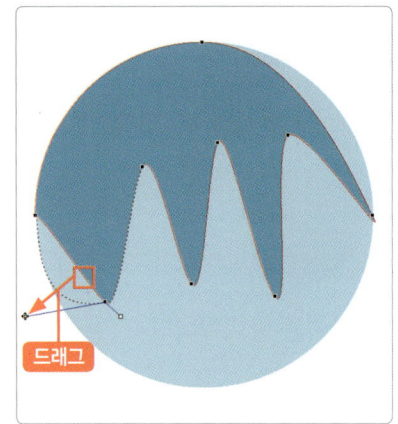 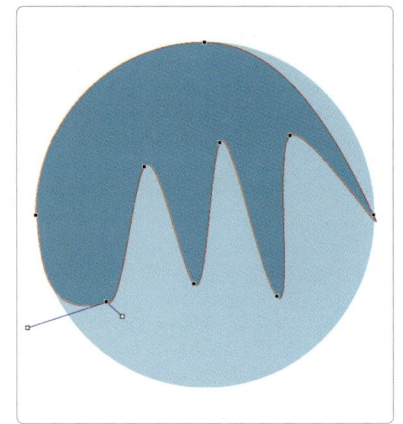

02 이어서, 위쪽 사각형 조절점(■) 위에 마우스 포인터를 위치시킨 후 마우스 포인터가 ⊕ 모양으로 변경되면 드래그하여 꼭짓점을 이동합니다.

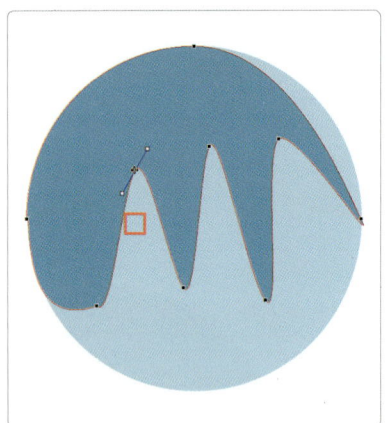  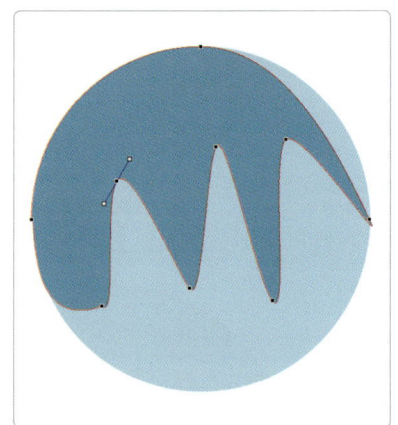

03 사각형 조절점(■)과 흰색 사각형 조절점(□)을 이용하여 그림과 같이 자연스럽게 흘러내리는 모양으로 편집합니다.

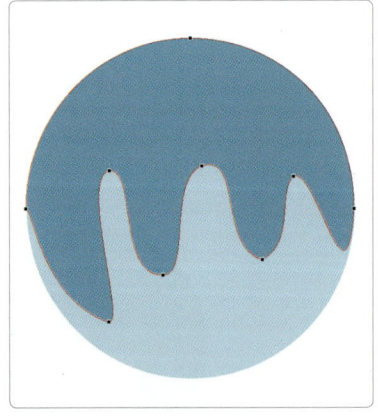 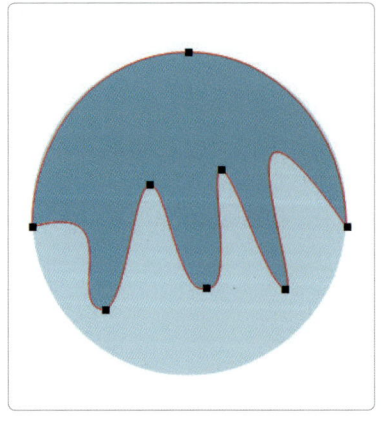

▲ 파워포인트　　　　　　▲ 한쇼

TIP 점편집 조절점(■, □)

사각형 조절점(■)을 클릭하면 주변에 흰색 사각형 조절점(□)이 나타납니다. 사각형 조절점(■)을 드래그하면 꼭짓점을 이동할 수 있고, 흰색 사각형 조절점(□)을 드래그하면 그 주변을 곡선으로 편집할 수 있습니다.

도형을 복사한 후 점편집 기능 활용하기

01 그림과 같이 드래그한 후 도형 위에서 마우스 오른쪽 버튼을 눌러 [그룹]-[그룹]을 클릭합니다.

※ 한쇼 : 마우스 오른쪽 버튼-[그룹화]-[개체 묶기]

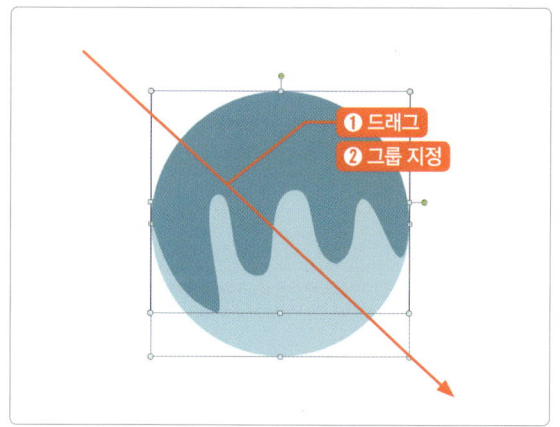
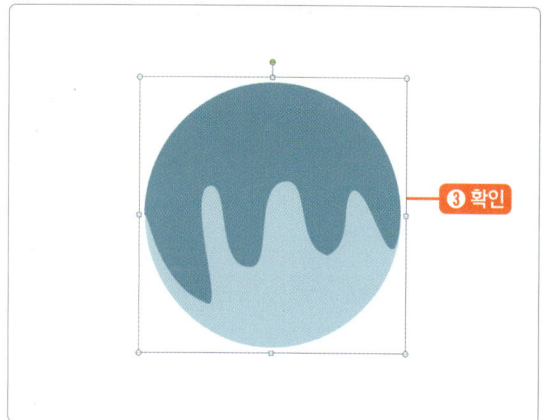

02 하나의 그룹으로 지정된 도형을 Shift 키를 누른 채 적당한 크기로 조절한 후 위치를 변경합니다. 이어서, Ctrl 키를 누른 채 드래그하여 아이스크림 두 개를 복사합니다.

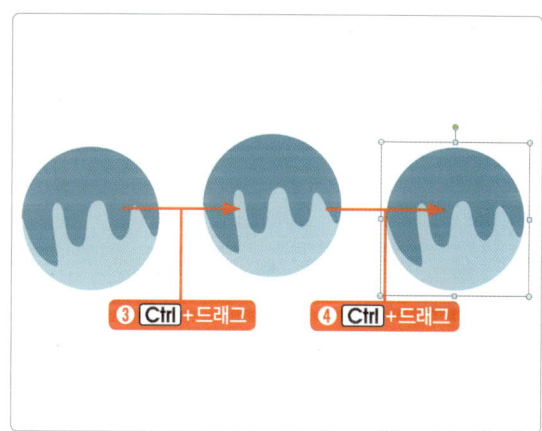

03 가운데 아이스크림을 선택한 후 다시 한 번 아래쪽 도형을 클릭합니다. 이어서, [서식]-[도형 스타일]-[도형 채우기]에서 원하는 색상을 선택합니다. 똑같은 방법으로 위쪽 도형의 색상을 변경합니다.

※ 한쇼 : [도형]-[스타일]-[채우기]

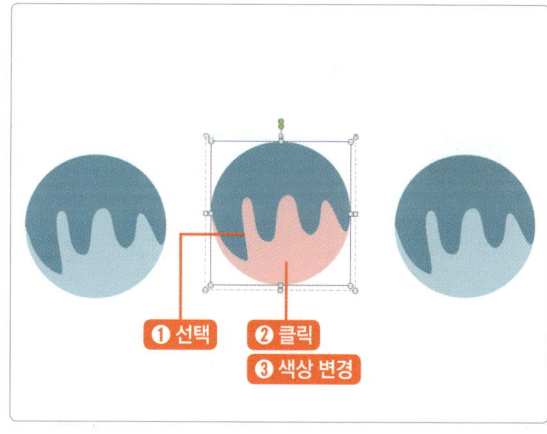
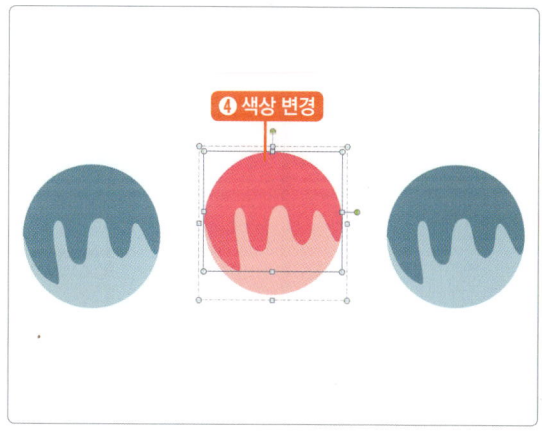

04 가운데 아이스크림의 위쪽 부분만 선택한 후 [서식]-[도형 삽입]-[도형 편집 ⌇]-점 편집을 클릭합니다.

　　※ 한쇼 : [도형]-[도형]-[도형 편집 ⌇]-점 편집

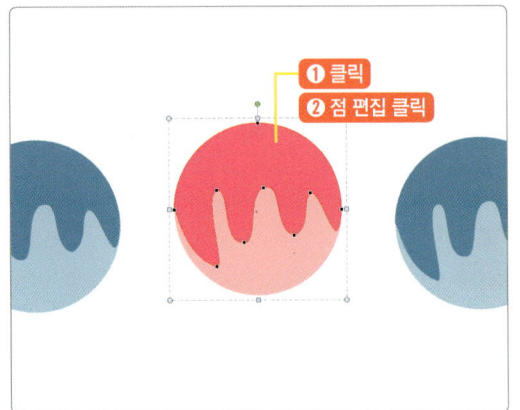
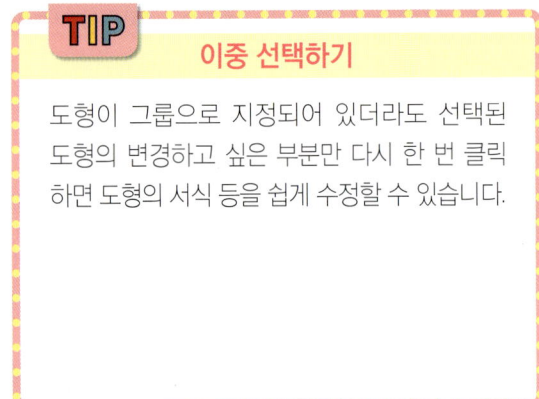

05 사각형 조절점(■)과 흰색 사각형 조절점(□)을 이용하여 첫 번째 아이스크림과 다른 느낌으로 변경합니다. 이어서, 맨 오른쪽 아이스크림의 색상과 모양을 변경해 봅니다.

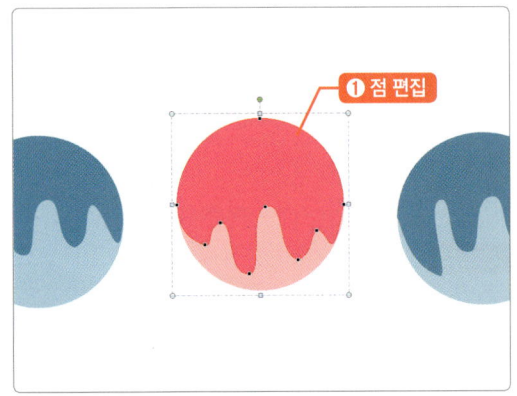

작업 6 그림자 효과 지정 및 복사 / 붙여넣기

01 Ctrl+A 키를 눌러 슬라이드 안의 개체를 모두 선택한 후 [서식]-[도형 스타일]-[도형 효과]-[그림자]의 바깥쪽에서 원하는 그림자를 선택합니다.

　　※ 한쇼 : [도형]-[효과]-[그림자]

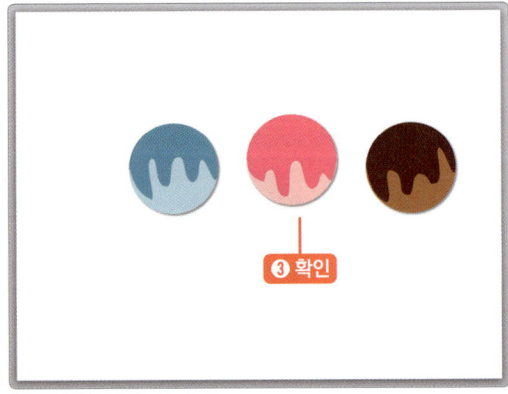

02 왼쪽 슬라이드 탭에서 [1슬라이드]를 클릭하여 아이스크림콘을 선택한 후 **Ctrl**+**C** 키를 눌러 복사합니다. 이어서, [2슬라이드]를 클릭하여 **Ctrl**+**V** 키를 눌러 붙여넣기 한 후 크기 및 위치를 조절합니다.

03 똑같은 방법으로 [1슬라이드]의 블루베리를 선택한 후 **Ctrl**+**C** 키를 눌러 복사합니다. 이어서, 두 번째 슬라이드를 클릭하여 **Ctrl**+**V** 키를 눌러 붙여넣기 한 후 크기 및 위치를 조절합니다.

04 그림과 같이 드래그하여 개체들을 선택한 후 도형 위에서 마우스 오른쪽 버튼을 눌러 [그룹]-[그룹]을 클릭합니다. 이어서, 적당한 위치로 이동합니다.

※ 한쇼 : 마우스 오른쪽 버튼-[그룹화]-[개체 묶기]
※ **Shift** 키를 누른 채 각각의 도형을 클릭하여 여러 개의 도형을 한 번에 선택할 수도 있습니다.

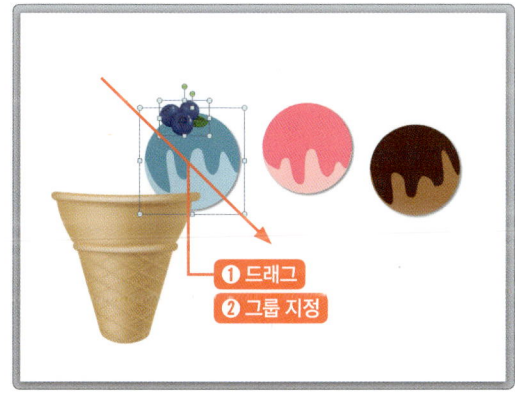

작품 완성하기

작품이 완성되면 020P를 참고하여 이미지 파일(.PNG)로 저장합니다.

❶ [1슬라이드]의 재료를 클릭한 후 Ctrl + C 키를 눌러 복사합니다.
❷ [2슬라이드]를 클릭한 후 Ctrl + V 키를 눌러 붙여넣습니다.
❸ 재료의 크기 및 위치를 조절한 후 그룹으로 지정합니다.

PART 02

Chapter 14　그리기 전용 요술종이 작품 만들기

Chapter 15~16　스티비 피규어 만들기

Chapter 17~18　진저맨 피규어 만들기

Chapter 19~20　복숭아 피규어 만들기

Chapter 21~22　강아지 피규어 만들기

Chapter 23~24　장구 피규어 만들기

CHAPTER 14 그리기 전용 요술종이 작품 만들기

"15, 17, 19, 21, 23차시 파포(한쇼) 작품이 완성되면
해당 차시를 참고하여 요술 작품을 만듭니다."

01 교재 맨 뒤쪽(부록)에서 '오리기 레이아웃' 페이지를 잘라낸 후 테이프를 이용하여 그리기(반투명) 요술종이의 거친 면이 위로 오도록 테이프로 고정시킵니다. 이어서, 연필을 이용하여 자르기 점선에 맞춰 선을 그린 후 요술 종이를 떼어냅니다.

  ※ 그리기 전용 요술종이는 거친 면 부분에 그림을 그립니다.
  ※ 파포(한쇼)로 만드는 5개의 피규어를 그리기 위해 미리 그림의 위치를 맞추는 작업입니다.

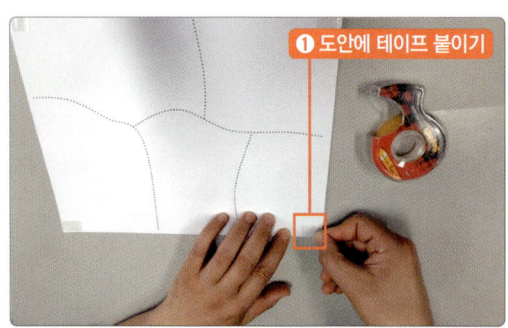 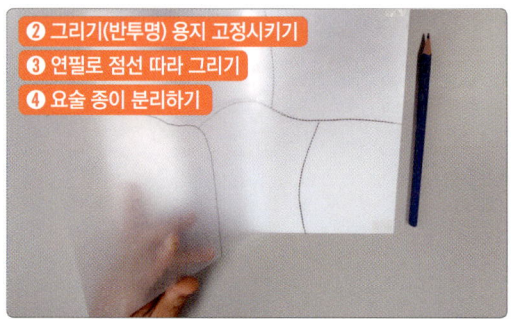

02 15차시(스티비 피규어)가 끝난 후 교재 맨 뒤쪽(부록)의 4개의 도안 중 마음에 드는 스티비를 점선에 맞춰 오립니다.

  ※ 피규어 그리기는 각 차시가 끝날 때마다 하나의 작품을 완성할 수 있습니다.

03 그리기(반투명) 요술종이의 매끄러운 면이 위로 오게한 후 부록과 똑같은 위치에 테이프를 이용하여 스티비를 고정시킵니다.

  ※ 거친 면에는 그림을 그려야 하기 때문에 종이를 붙이지 않습니다.

04 유성색연필을 이용하여 요술종이의 거친면에 스티비를 예쁘게 그려줍니다.(유성색연필을 이용할 경우에는 꼼꼼하게 채색하면 예쁜 작품이 나와요~)

※ 그리기 요술종이의 거친 면에 채색합니다.

▲ 테두리 그리기

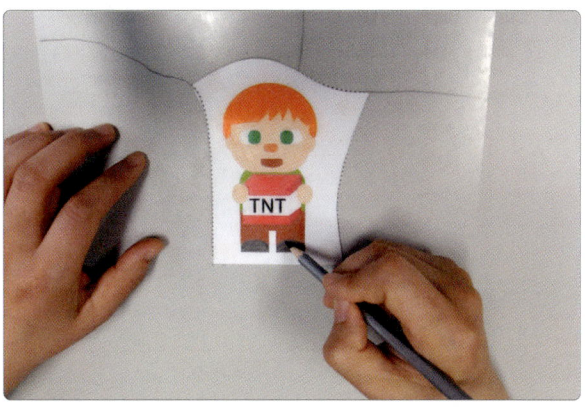
▲ 색칠하기

▲ 요술종이와 도안을 분리하기

▲ 다시 한 번 꼼꼼하게 색칠하기

05 가위를 이용하여 '오리기 레이아웃' 점선의 안쪽을 오립니다. 이어서, 적당한 여백을 남기고 스티비를 둥글둥글한 모양으로 오립니다.

※ 가위를 사용할 때는 다치지 않도록 조심합니다.
※ 모서리를 뾰족하게 오리면 위험할 수 있으며, 굽는 과정에서 한 쪽으로 열이 가해져 모양이 변형될 수 있습니다.

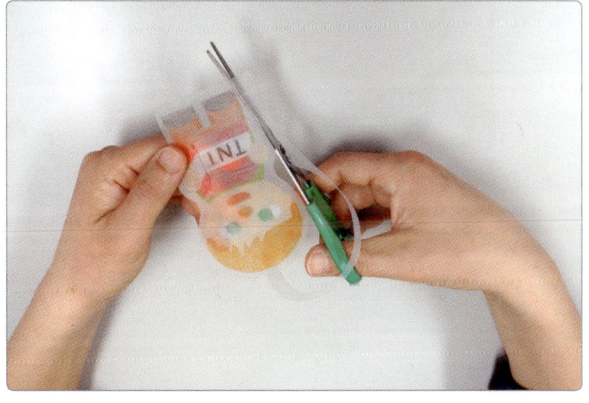

06 예열된 오븐에 오려놓은 요술종이를 넣어 구운 후 두꺼운 책 등으로 눌러줍니다.

※ 굽는 시간은 오븐의 예열 상태, 오븐의 종류 등 다양한 상황에 따라서 다르기 때문에 요술종이가 오그라들었다가 펴지면 꺼내도록 합니다.

※ 오븐을 이용할 때는 화상의 위험이 있으니 반드시 장갑을 끼고 작업합니다.

▲ 호일을 오븐에 넣고 예열하기

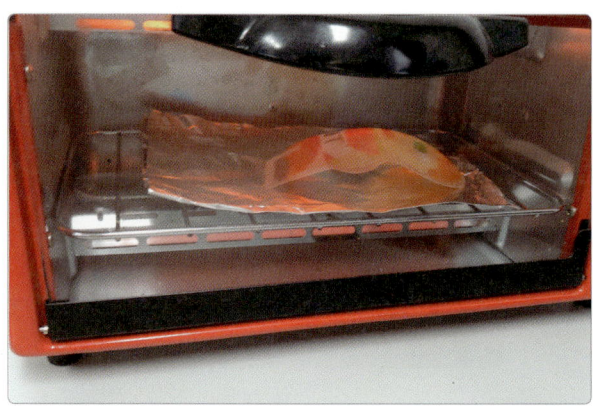
▲ 오려놓은 요술종이(스티비)를 집어 넣기

▲ 오븐에서 플라스틱 작품이 완성되는 것을 확인

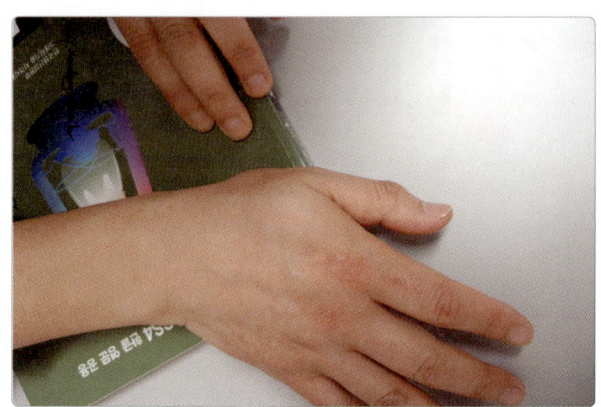
▲ 오븐에서 스티비를 꺼낸 후 두꺼운 책 등으로 눌러주기

07 글루건을 이용하여 구워진 플라스틱 작품을 페트병 뚜껑에 붙여 완성합니다.

※ 투명 매니큐어 등으로 코팅하면 작품을 더욱 오래 보관할 수 있습니다.

memo

CHAPTER 15/16 스티비 피규어 만들기

학습목표
- 다양한 도형을 이용하여 피규어를 만들 수 있습니다.
- 글자 상자를 이용하여 텍스트를 입력할 수 있습니다.

📁 불러올 파일 : 스티비   💾 완성된 파일 : 스티비(완성)

 완성된 슬라이드!!

 완성된 요술작품!!

이렇게 만들어요!

준비물 : 그리기 전용 요술종이, 유성 색연필, 페트병 뚜껑, 글루건

1. 그리기 전용 요술종이의 거친 면에 유성 색연필을 이용하여 그림을 그린다.
2. 요술종이를 오린 후 예열된 오븐에 넣고 굽는다.
3. 글루건을 이용하여 구워진 플라스틱 작품을 페트병 뚜껑에 붙인다.
4. 글루건이 마르면 작품이 완성!

※ 교재 맨 뒤쪽(부록)에 있는 도안을 이용하여 쉽게 따라서 그릴 수 있습니다.
※ 요술작품 만들기의 모든 과정은 위험할 수 있으니 반드시 선생님 또는 부모님과 함께 작업합니다.

작업 1 스티비의 머리 만들기

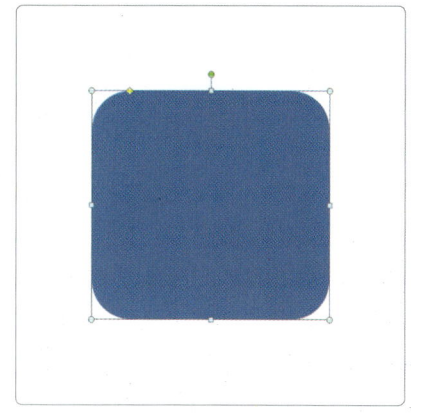
❶ 사각형-'모서리가 둥근 직사각형'

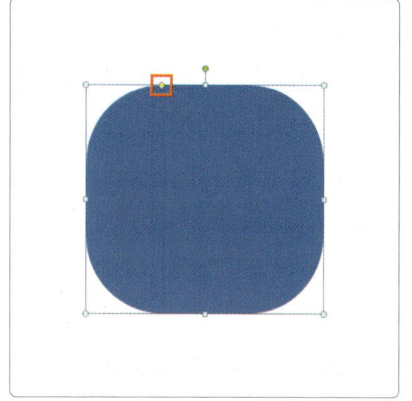
❷ 도형의 모서리를 둥글게

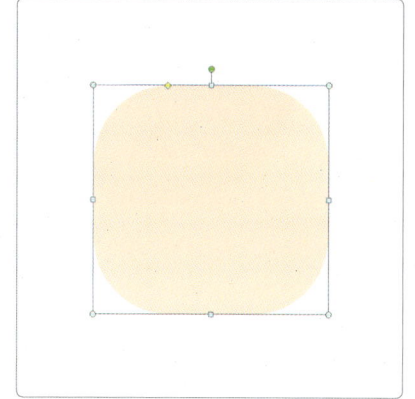
❸ 도형의 색상 변경(살구색)
(RGB : 253, 234, 218)

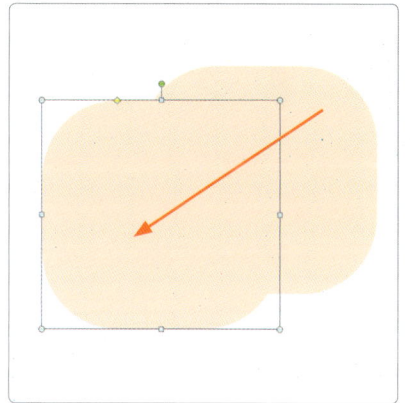
❹ 도형을 복사

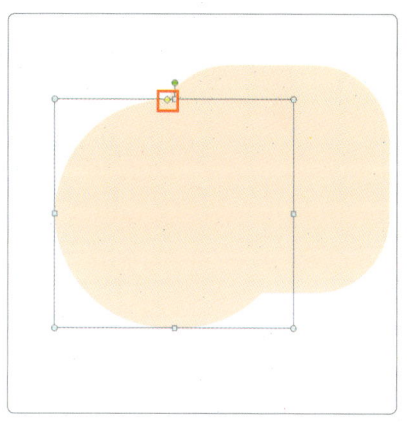
❺ 복사된 도형의 모서리를 둥글게

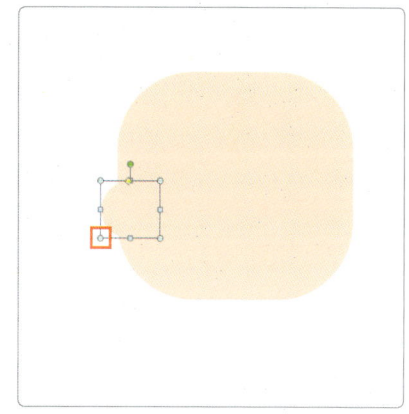
❻ 도형의 크기 및 위치 조절

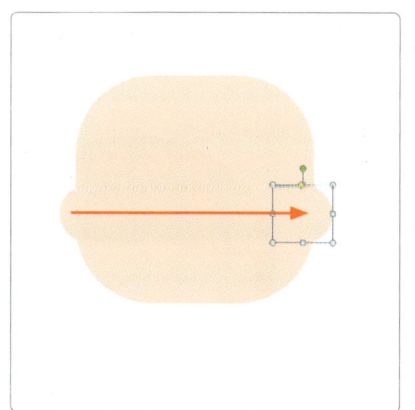
❼ 도형을 반듯하게 복사

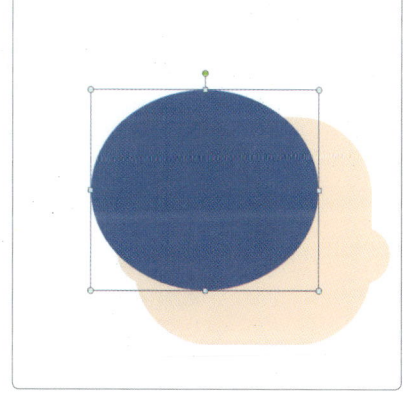
❽ 기본 도형-'나원'

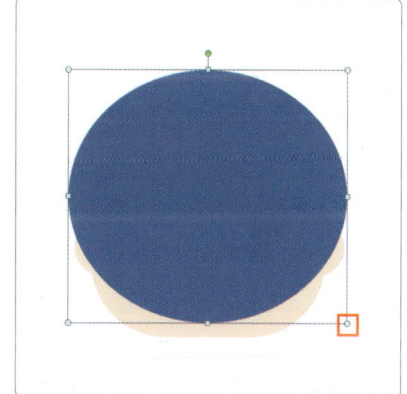
❾ 도형의 크기 및 위치 조절

※ 아래와 같은 경로를 통해 직접 RGB 값을 입력하면 교재의 캐릭터와 똑같은 색상을 찾을 수 있습니다.
- 파포 : [서식]-[도형 스타일]-[도형 채우기]-[다른 채우기 색]
- 한쇼 : [도형]-[스타일]-[채우기]-[다른 색]

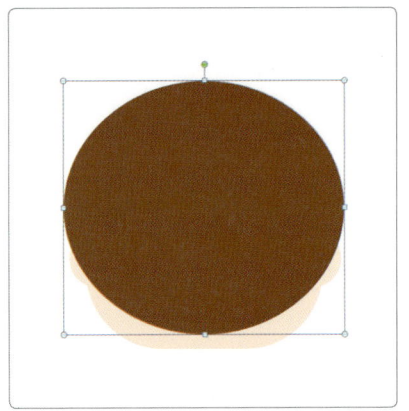
❿ 도형의 색상 변경(갈색)
(RGB : 157, 72, 7)

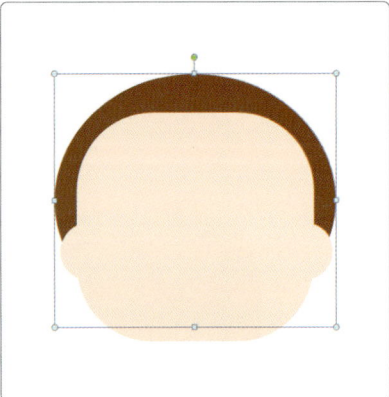
⓫ 도형을 맨 뒤로 보내기

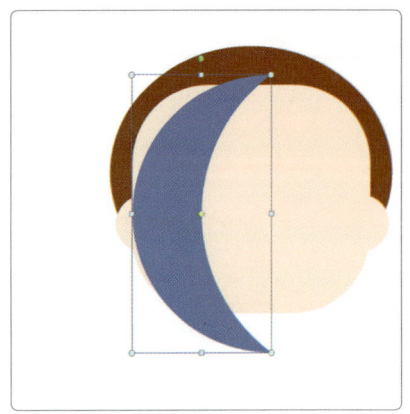
⓬ 기본 도형-'달'

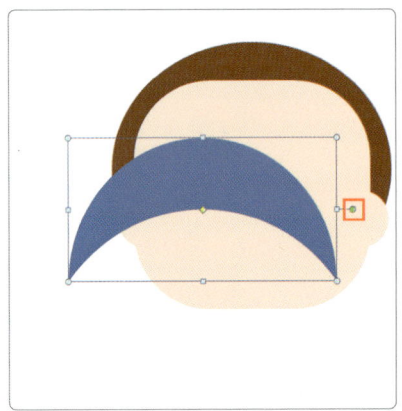
⓭ 도형을 회전

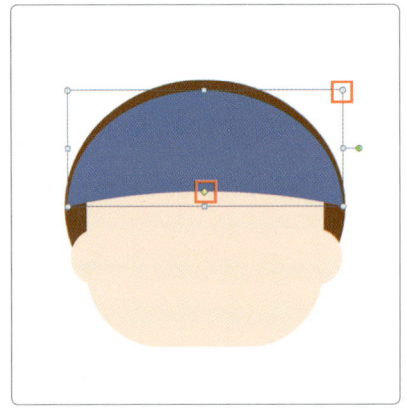
⓮ 도형의 모양, 크기, 위치를 조절

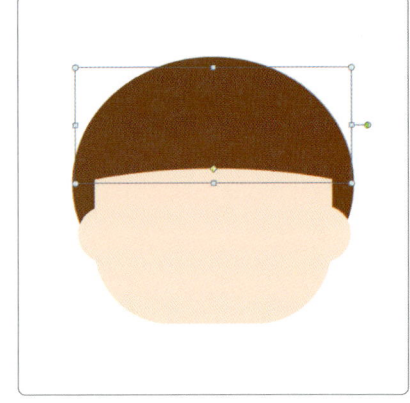
⓯ 도형의 색상 변경(갈색)
(RGB : 157, 72, 7)

작업 2 스티비의 얼굴 만들기

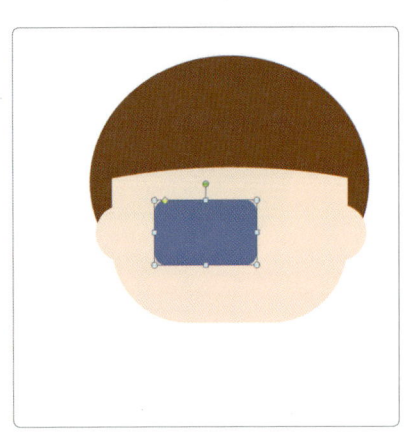
❶ 사각형-'모서리가 둥근 직사각형'

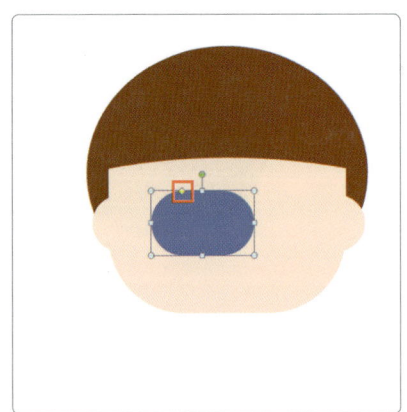
❷ 도형의 모서리를 둥글게

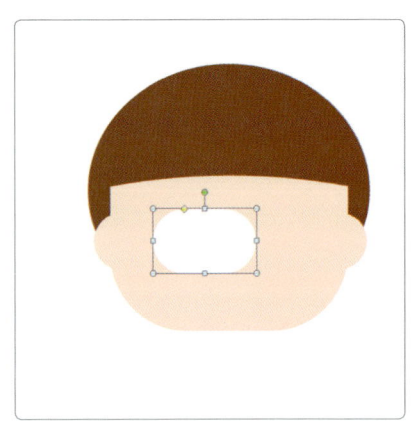
❸ 도형의 색상 변경(하얀색)

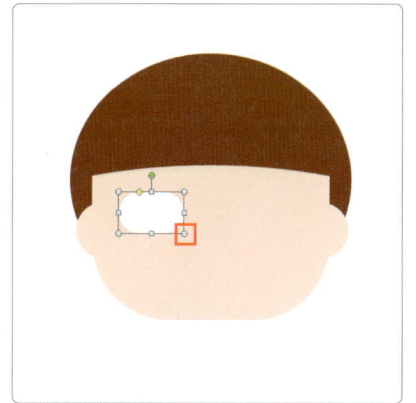

❹ 도형의 크기 및 위치 조절

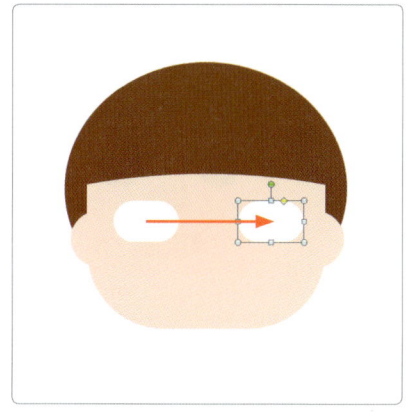

❺ 도형을 반듯하게 복사

❻ ①~⑤ 작업을 참고하여 눈동자를 완성 (RGB : 0,112, 192)

❼ 도형을 복사

❽ 도형의 색상 변경(밝은 갈색)
　(RGB : 184, 88, 8)

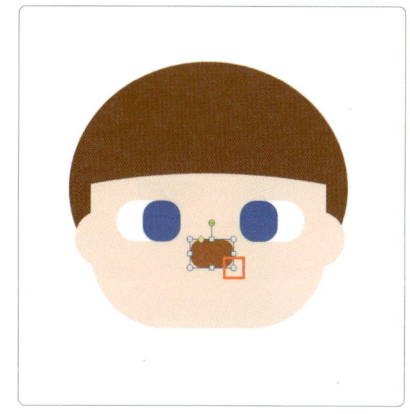

❾ 도형의 크기 및 위치 조절

❿ 순서도-'지연'

⓫ 도형을 회전한 후 도형의 색상 변경(갈색)(RGB : 157, 72, 7)

⓬ 도형의 크기 및 위치 조절

 ## 스티비의 몸통 만들기

❶ 순서도-'지연'

❷ 도형을 회전한 후 도형의 색상 변경(하늘색)(RGB : 75, 172, 198)

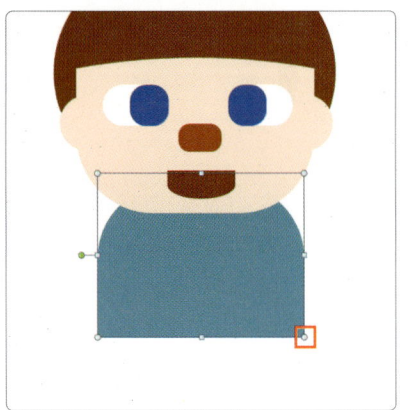
❸ 도형을 맨 뒤로 보낸 후 도형의 크기 및 위치 조절

❹ 사각형-'직사각형'

❺ 도형을 회전한 후 도형의 색상 변경(짙은 청색)(RGB : 0, 32, 96)

❻ 도형의 크기 및 위치를 조절한 후 반듯하게 복사

❼ 도형을 각각 맨 뒤로 보내기

❽ 도형을 복사

❾ 도형을 회전한 후 도형의 크기 및 위치 조절

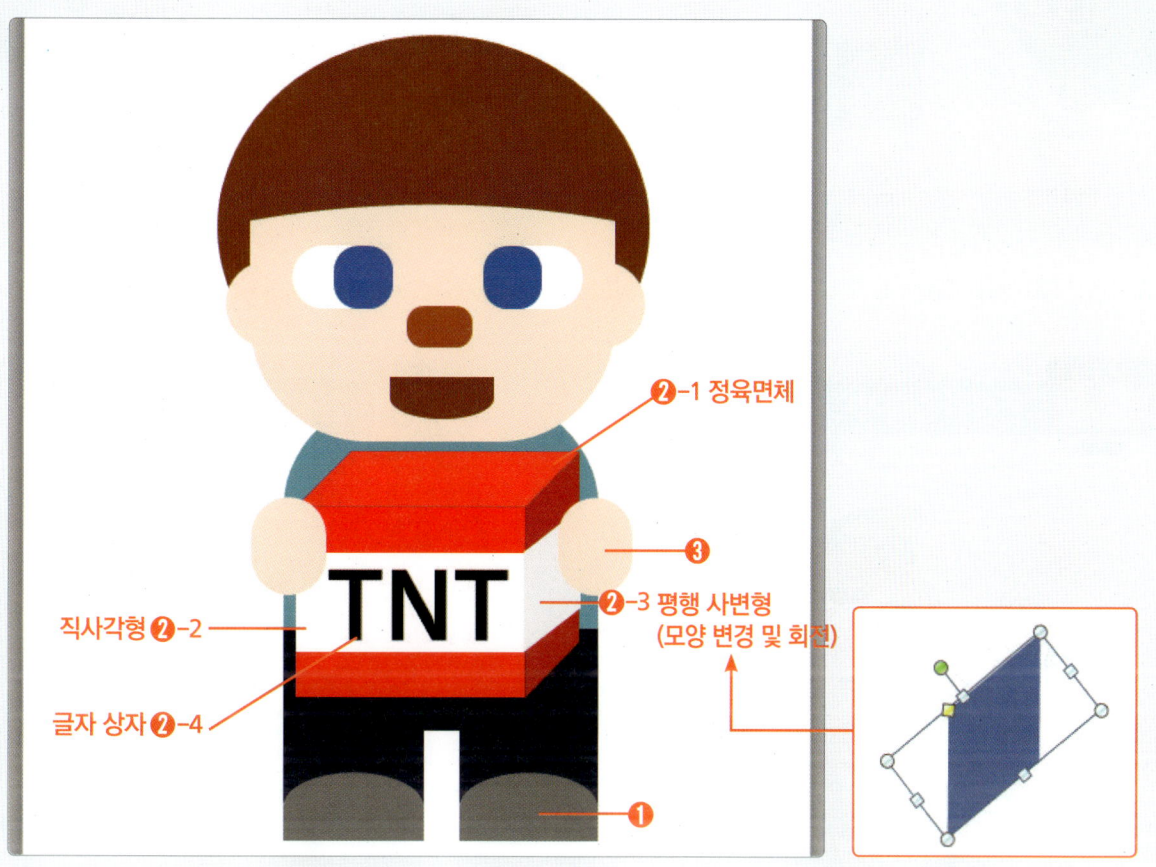

① **신발** : 스티비의 상체 도형을 복사(RGB : 127, 127, 127)

② **TNT** :

   ②-1 기본 도형-정육면체(RGB : 255, 0, 0)

   ②-2 사각형-직사각형(하얀색)

   ②-3 기본 도형-평행 사변형(하얀색)

   ②-4 글자 상자를 이용하여 글자를 입력한 후 글꼴 서식을 변경

③ **손** : 스티비의 귀 도형을 복사

CHAPTER 17 / 18

진저맨 피규어 만들기

학습목표
- 다양한 도형을 이용하여 피규어를 만들 수 있습니다.
- 도형 편집의 점편집 기능을 사용할 수 있습니다.

📁 **불러올 파일** : 진저맨   📁 **완성된 파일** : 진저맨(완성)

 완성된 슬라이드!!

 **완성된 요술작품!!**

 **이렇게 만들어요!**

준비물 : 그리기 전용 요술종이, 유성 색연필, 페트병 뚜껑, 글루건

❶ 그리기 전용 요술종이의 거친 면에 유성 색연필을 이용하여 그림을 그린다.

❷ 요술종이를 오린 후 예열된 오븐에 넣고 굽는다.

❸ 글루건을 이용하여 구워진 플라스틱 작품을 페트병 뚜껑에 붙인다.

❹ 글루건이 마르면 작품이 완성!

※ 교재 맨 뒤쪽(부록)에 있는 도안을 이용하여 쉽게 따라서 그릴 수 있습니다.
※ 요술작품 만들기의 모든 과정은 위험할 수 있으니 반드시 선생님 또는 부모님과 함께 작업합니다.

점편집으로 진저맨 몸통 만들기(검정색 사각형 조절점 이동)

❶ 별 및 현수막-'포인트가 6개인 별'을 넣은 후 크기 및 위치 조절

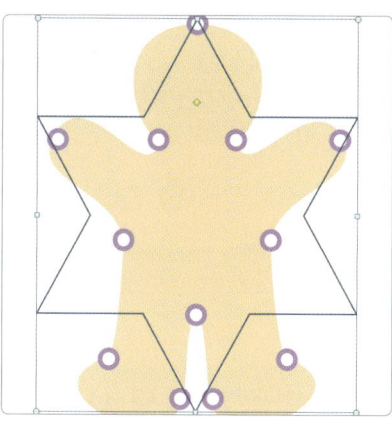

❷ 도형의 채우기를 없음으로 지정

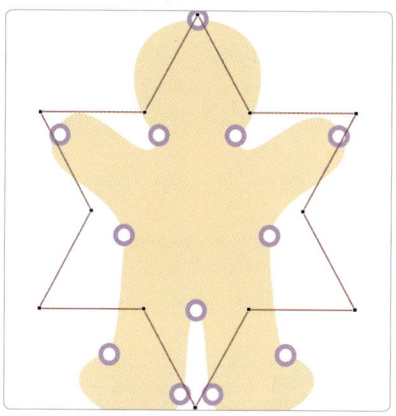

❸ 점편집 기능 실행

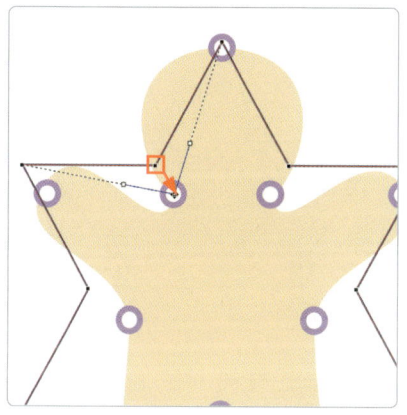

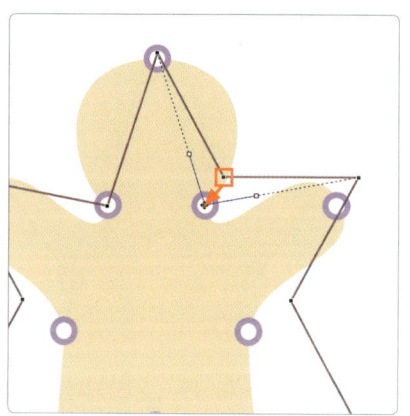

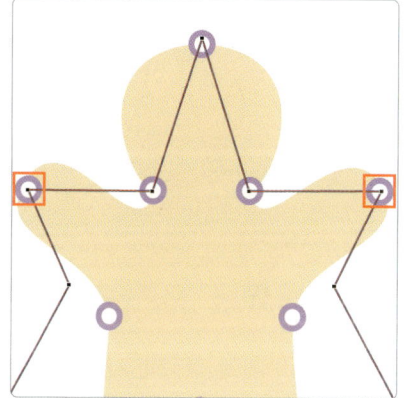

❹ 검정색 사각형 조절점을 그림과 같이 원에 맞추어 드래그

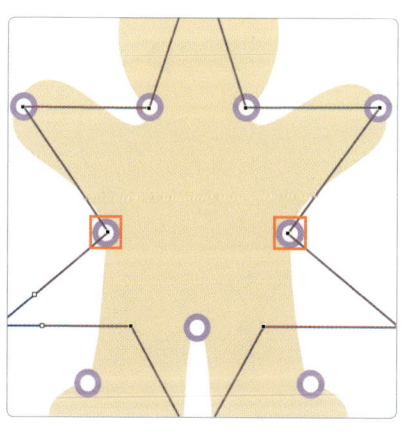

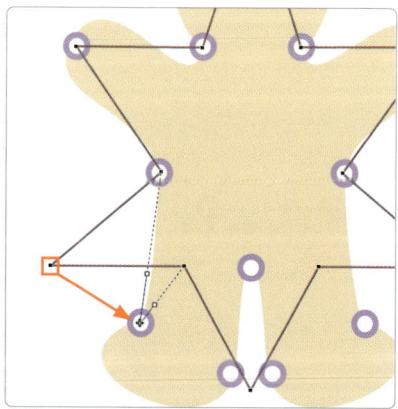

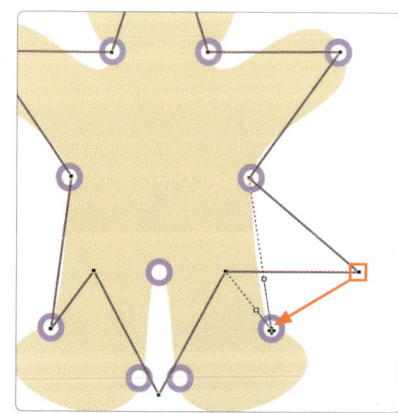

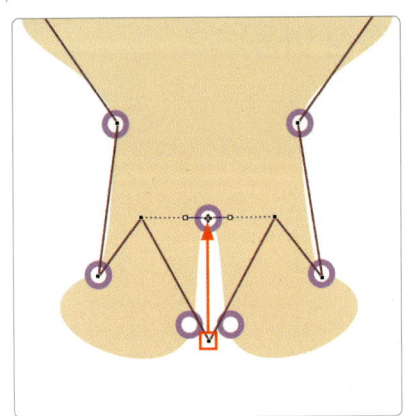 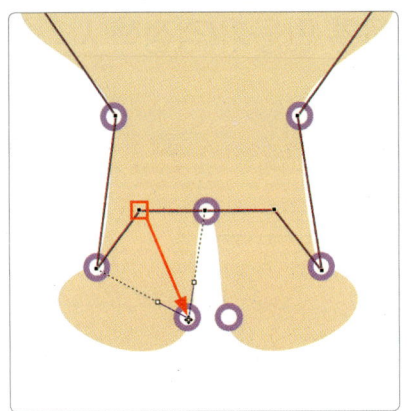 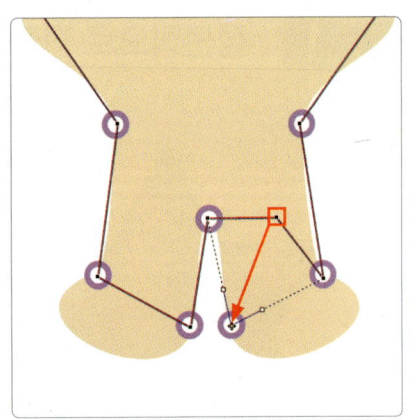

 **점편집으로 진저맨 몸통 만들기(흰색 사각형 조절점 이동)**

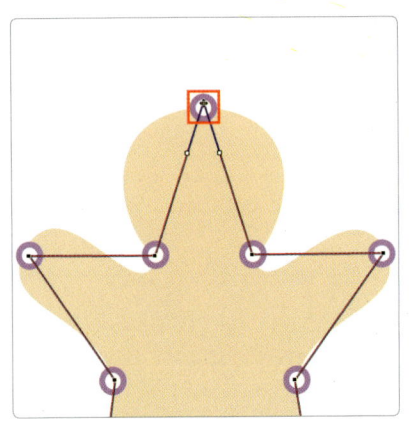 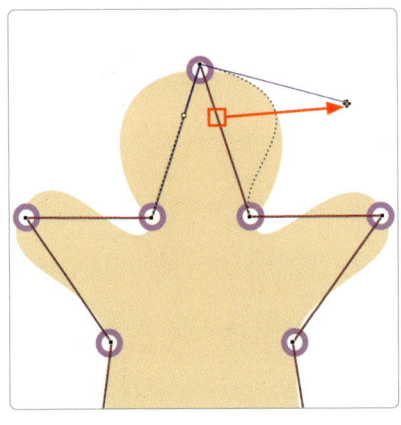 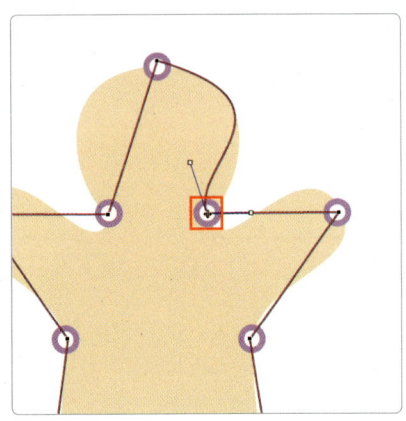

❶ 머리 위쪽 검정색 사각형 조절점 클릭

❷ 오른쪽에 나타난 흰색 사각형 조절점 드래그

❸ 오른쪽 목 부분 검정색 사각형 조절점 클릭

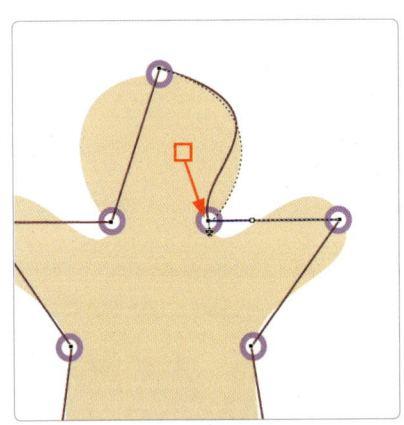 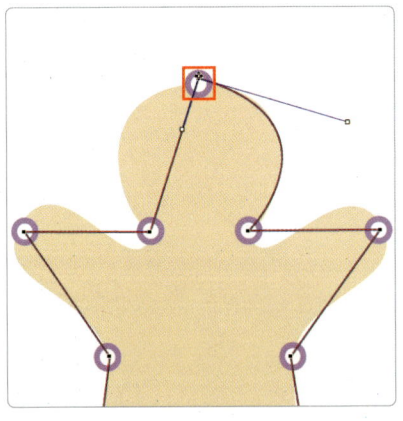 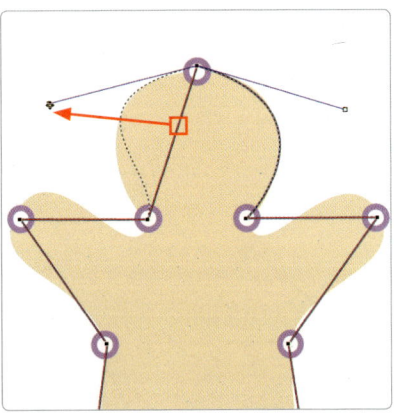

❹ 왼쪽 위에 나타난 흰색 사각형 조절점 드래그

❺ 머리 위쪽 검정색 사각형 조절점 클릭

❻ 왼쪽 아래에 나타난 흰색 사각형 조절점 드래그

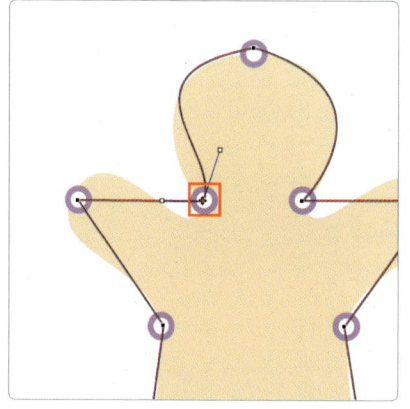
❼ 왼쪽 목 부분 검정색 사각형 조절점 클릭

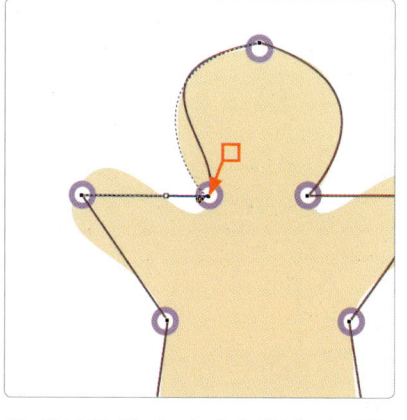
❽ 오른쪽 위에 나타난 흰색 사각형 조절점 드래그

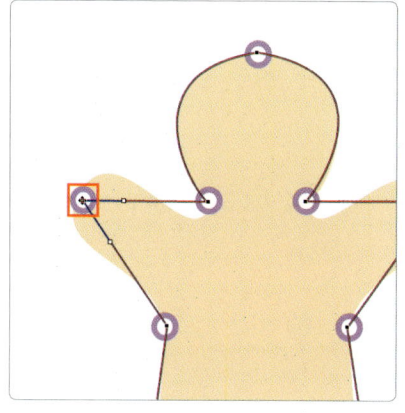
❾ 왼쪽 팔 끝의 검정색 사각형 조절점 클릭

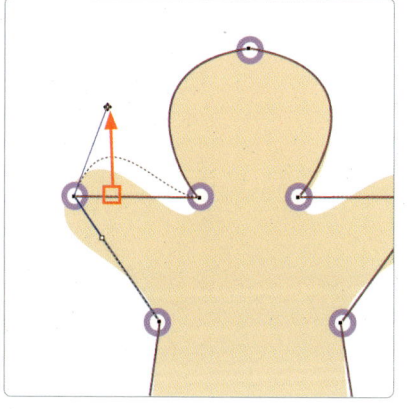
❿ 오른쪽에 나타난 흰색 사각형 조절점 드래그

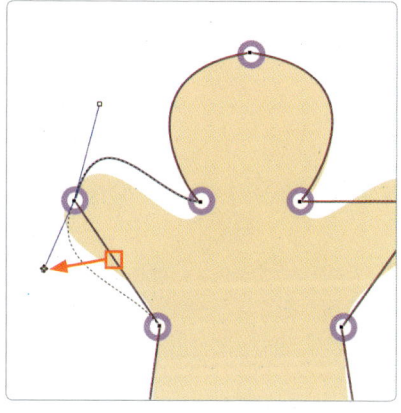
⓫ 아래쪽에 나타난 흰색 사각형 조절점 드래그

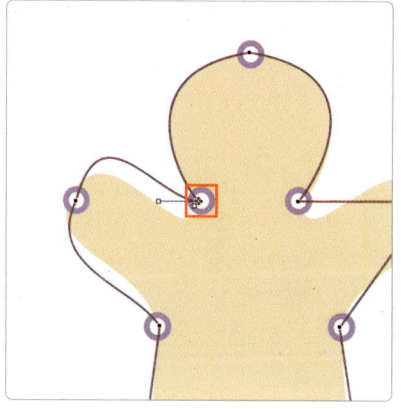
⓬ 왼쪽 목 부분 검정색 사각형 조절점 클릭

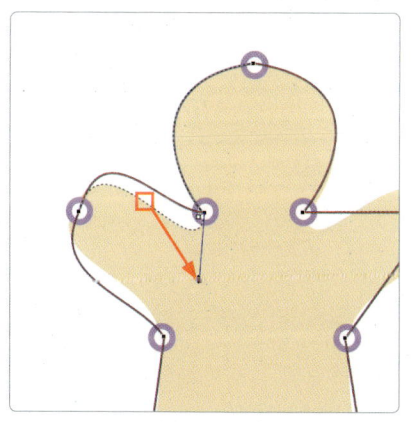
⓭ 왼쪽에 나타난 흰색 사각형 조절점 드래그

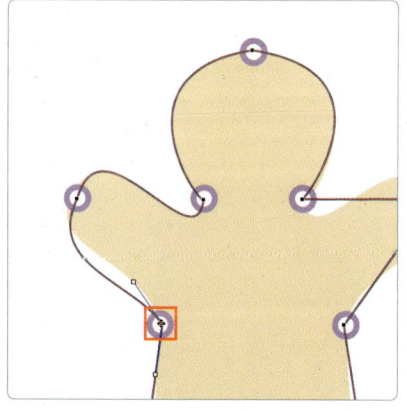
⓮ 왼쪽 겨드랑이 부분 검정색 사각형 조절점 클릭

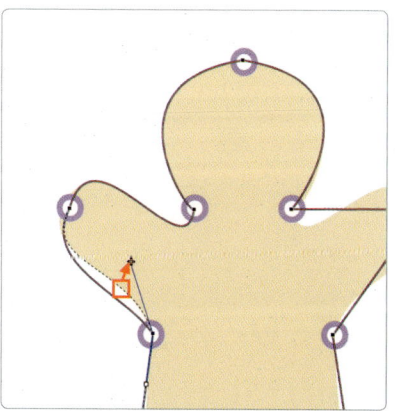
⓯ 위쪽에 나타난 흰색 사각형 조절점 드래그

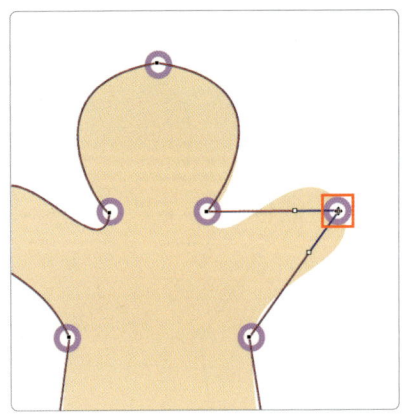 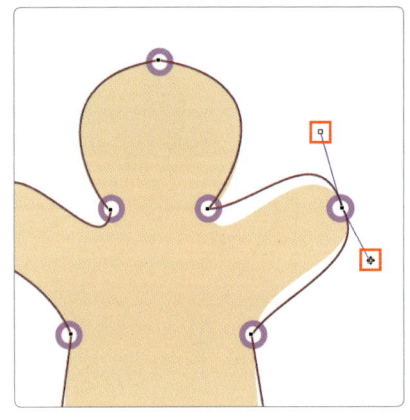 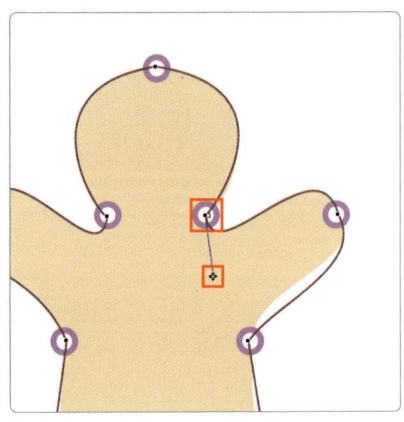

❶❻ ①~⑮ 작업을 참고하여 나머지 부분을 점편집

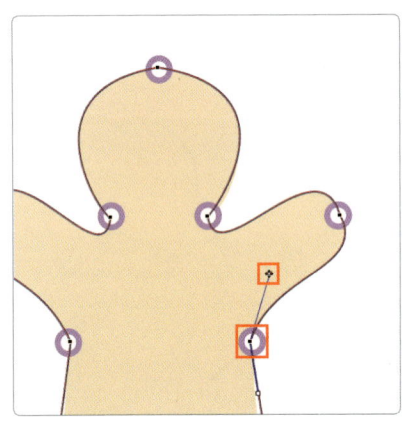 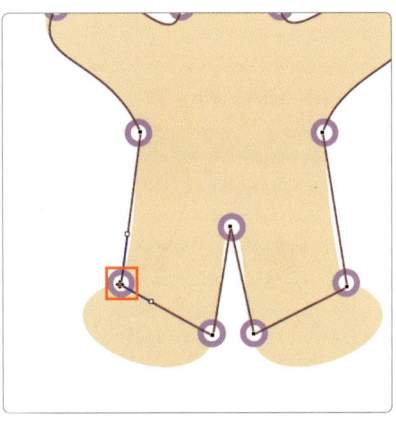 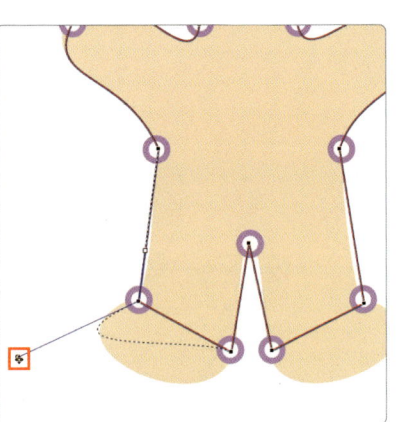
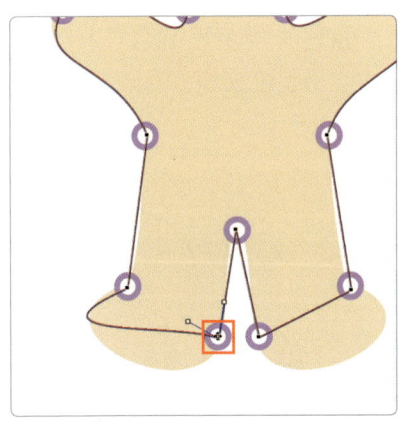 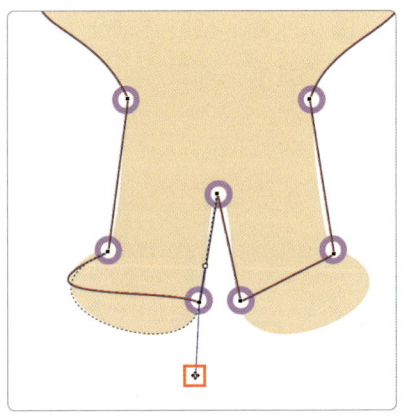 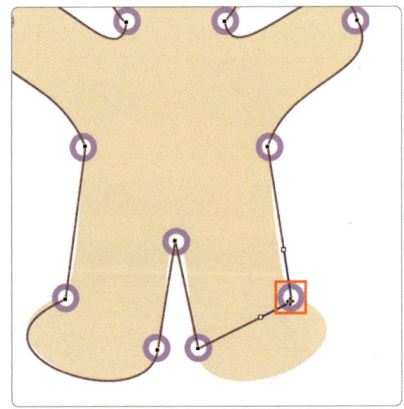
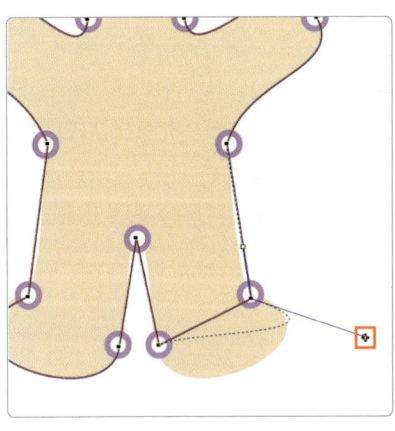 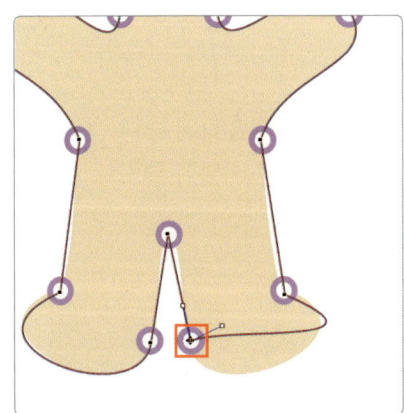 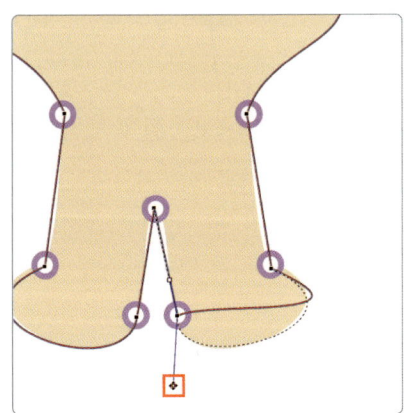

작품 완성하기

❶ 배경색을 하얀색으로 변경
- 파포 : 슬라이드의 빈 곳 위에서 마우스 오른쪽 버튼 클릭 → [배경 서식] → 단색 채우기(하얀색)
- 한쇼 : 슬라이드의 빈 곳 위에서 마우스 오른쪽 버튼 클릭 → [배경 속성] → 단색 - 색(하얀색)

❷ 진저맨의 채우기 색을 변경(살구색, RGB : 252, 213, 181)

❸ 진저맨의 윤곽선을 변경(없음)

❹ [슬라이드 2]~[슬라이드 3]의 이미지 및 다양한 도형을 이용하여 진저맨 완성하기

CHAPTER 19 20

복숭아 피규어 만들기

학습 목표
- 다양한 도형을 이용하여 피규어를 만들 수 있습니다.
- 도형 편집의 점편집 기능을 사용할 수 있습니다.

📁 **불러올 파일** : 복숭아   💾 **완성된 파일** : 복숭아(완성)

 완성된 슬라이드!!

 완성된 요술작품!!

이렇게 만들어요!   **준비물** : 그리기 전용 요술종이, 유성 색연필, 페트병 뚜껑, 글루건

❶ 그리기 전용 요술종이의 거친 면에 유성 색연필을 이용하여 그림을 그린다.
❷ 요술종이를 오린 후 예열된 오븐에 넣고 굽는다.
❸ 글루건을 이용하여 구워진 플라스틱 작품을 페트병 뚜껑에 붙인다.
❹ 글루건이 마르면 작품이 완성!

※ 교재 맨 뒤쪽(부록)에 있는 도안을 이용하여 쉽게 따라서 그릴 수 있습니다.
※ 요술작품 만들기의 모든 과정은 위험할 수 있으니 반드시 선생님 또는 부모님과 함께 작업합니다.

 **복숭아 캐릭터의 얼굴 형태 만들기**

❶ 기본 도형-'하트'

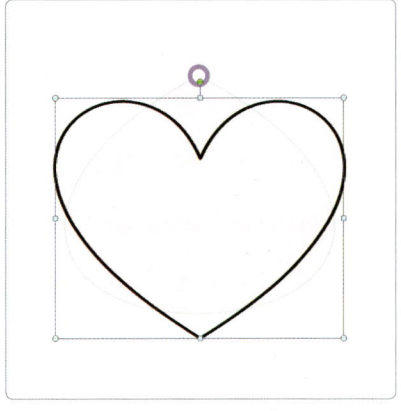
❷ 도형의 채우기를 없음으로 지정

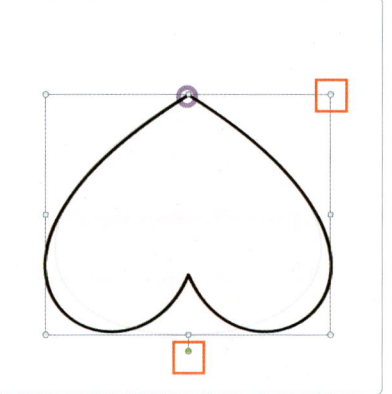
❸ 도형을 회전한 후 도형의 크기 및 위치 조절

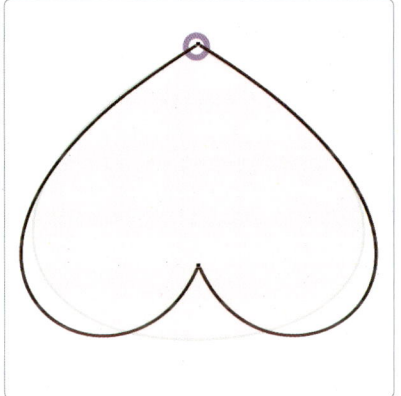
❹ 점편집 기능 실행

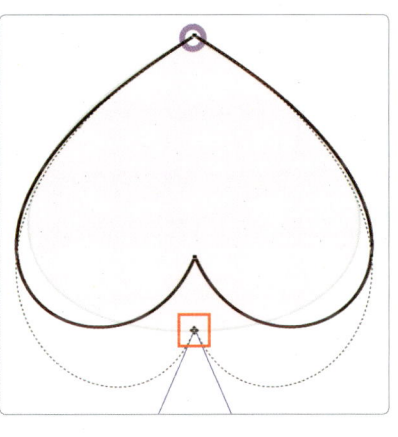
❺ 아래쪽 검정색 사각형 조절점 드래그

> **TIP 조절점이 사라졌을 때**
>
> 점편집 작업 시 흰색 사각형 조절점이 슬라이드 화면 밖에 위치하여 보이지 않을 경우에는 프로그램 오른쪽 하단의 ⊖⊕ 단추를 이용하여 슬라이드 화면을 축소시킨 후 작업합니다.

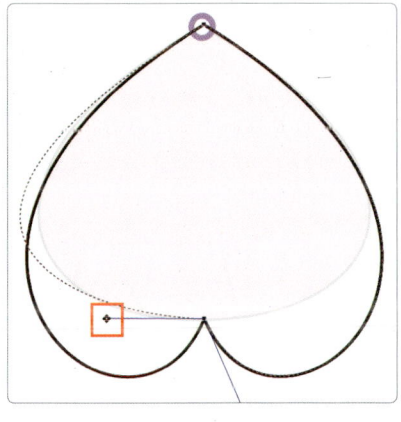
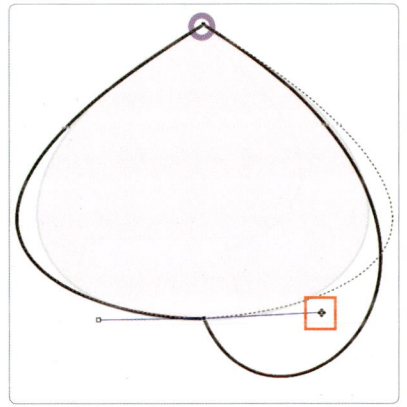
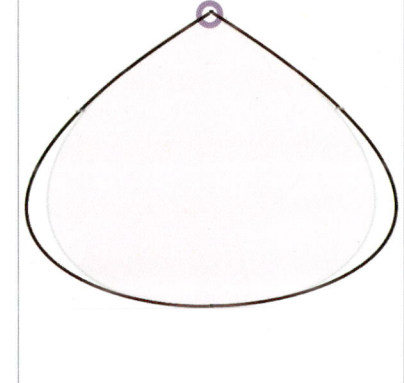

❻ 아래쪽에 나타난 2개의 흰색 사각형 조절점을 왼쪽과 오른쪽으로 각각 드래그

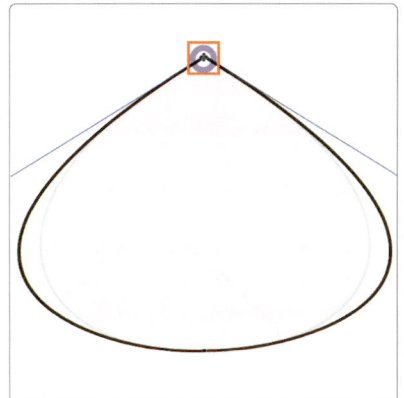
❼ 위쪽 검정색 사각형 조절점 클릭

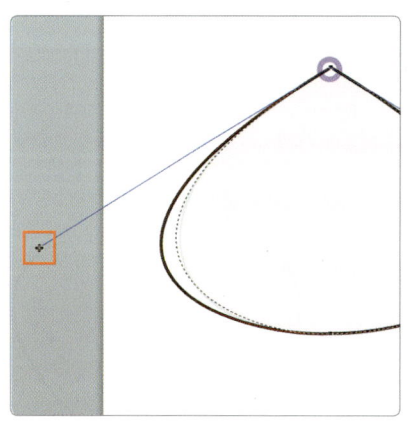
❽ 왼쪽에 나타난 흰색 사각형 조절점 드래그

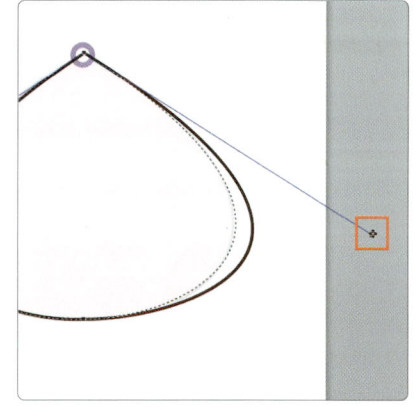
❾ 오른쪽에 나타난 흰색 사각형 조절점 드래그

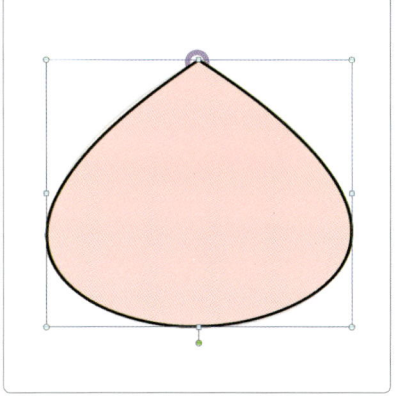
❿ 도형의 색상 변경(분홍색) (RGB : 255, 221, 221)

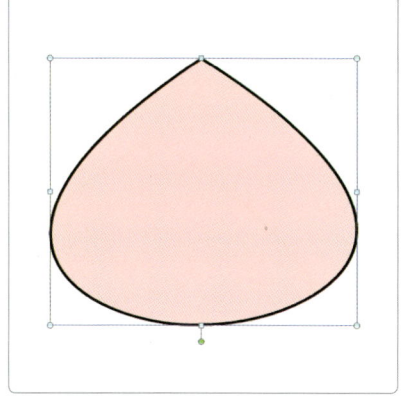
⓫ 슬라이드의 배경을 하얀색으로 변경

TIP 배경 색상 변경하기

슬라이드의 빈 곳 위에서 마우스 오른쪽 버튼을 눌러 [배경 서식]을 클릭한 후 채우기를 흰색으로 변경합니다.

※ 한쇼 : [배경 속성]

복숭아 캐릭터의 몸통 만들기

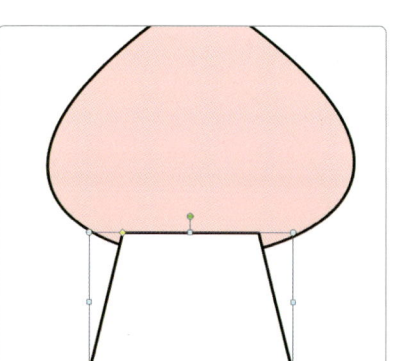
❶ 기본 도형-'사다리꼴'

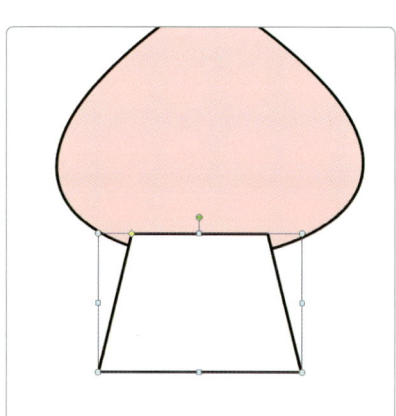
❷ 도형의 색상 변경(하얀색)

❸ 점편집 기능 실행

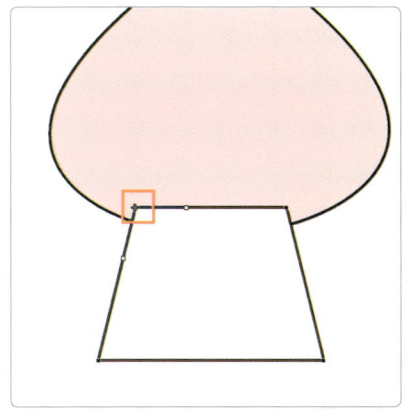
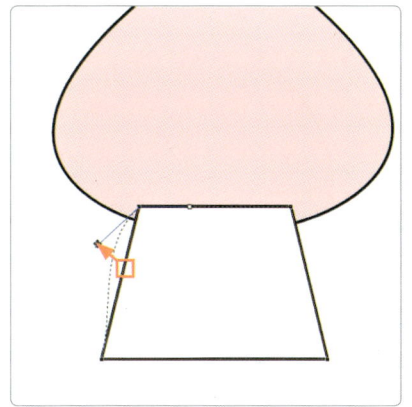
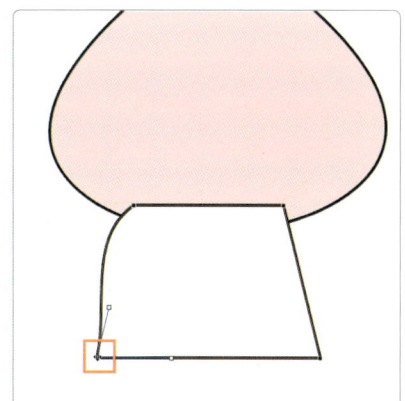

❹ 왼쪽 위의 검정색 사각형 조절점 클릭

❺ 아래쪽 나타난 흰색 사각형 조절점 드래그

❻ 왼쪽 아래의 검정색 사각형 조절점 클릭

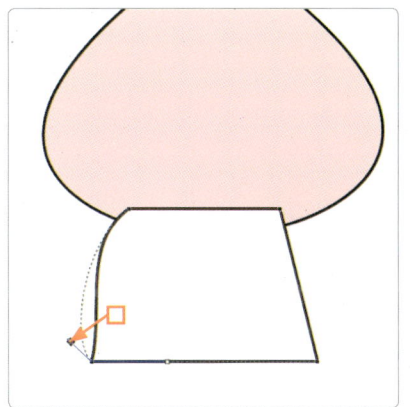
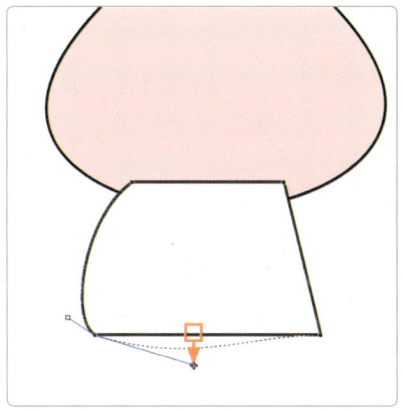
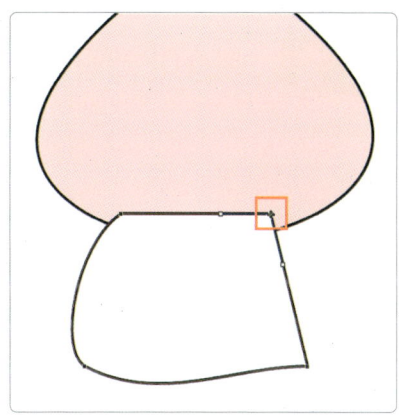

❼ 위쪽에 나타난 흰색 사각형 조절점 드래그

❽ 오른쪽에 나타난 흰색 사각형 조절점 드래그

❾ 오른쪽 위의 검정색 사각형 조절점 클릭

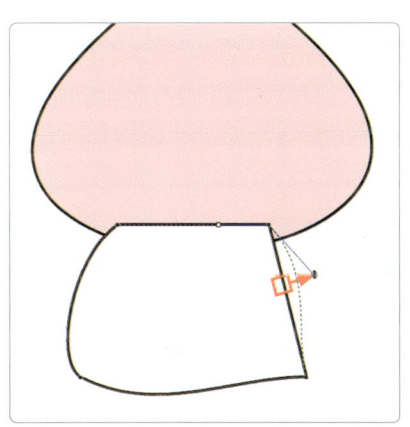
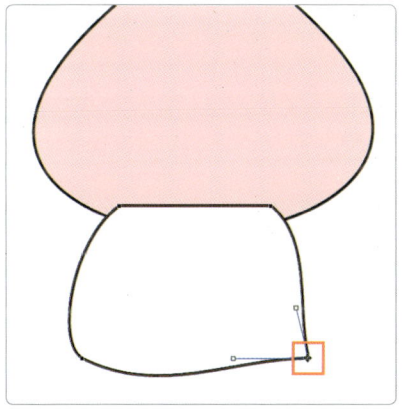
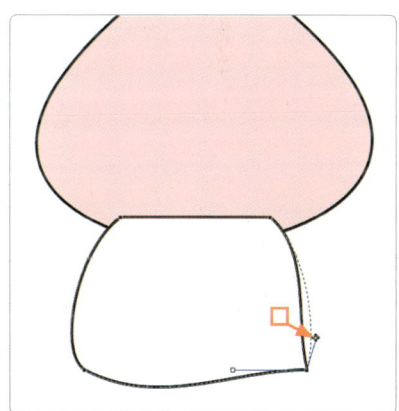

❿ 아래쪽에 나타난 흰색 사각형 조절점 드래그

⓫ 오른쪽 아래의 검정색 사각형 조절점 클릭

⓬ 위쪽에 나타난 흰색 사각형 조절점 드래그

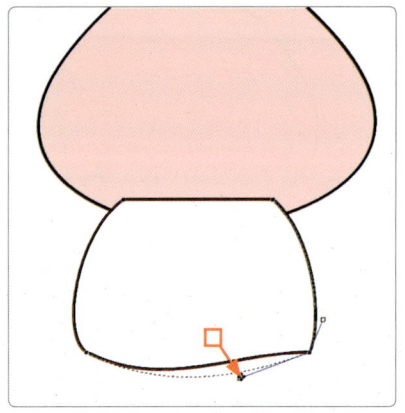
⑬ 왼쪽에 나타난 흰색 사각형 조절점 드래그

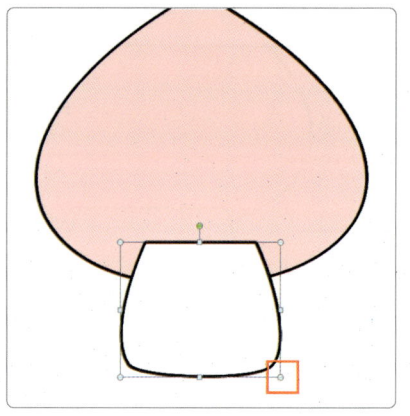
⑭ 도형의 크기 및 위치 조절

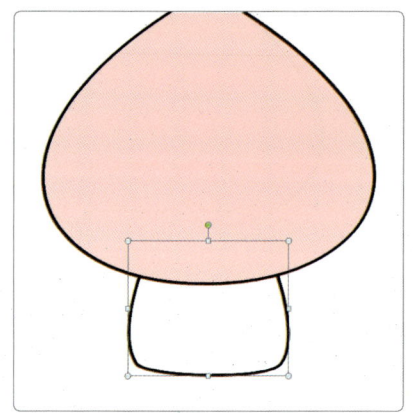
⑮ 도형을 맨 뒤로 보내기

작업 3 복숭아 캐릭터의 팔 만들기

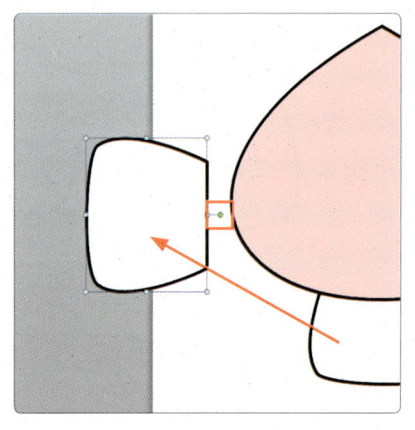
❶ 복숭아 캐릭터의 몸통을 복사한 후 도형을 회전

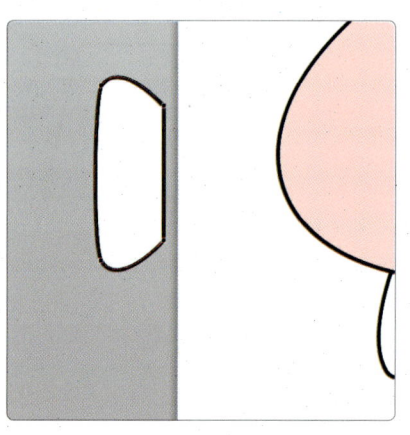
❷ 도형의 크기 조절 후 점편집 기능 실행

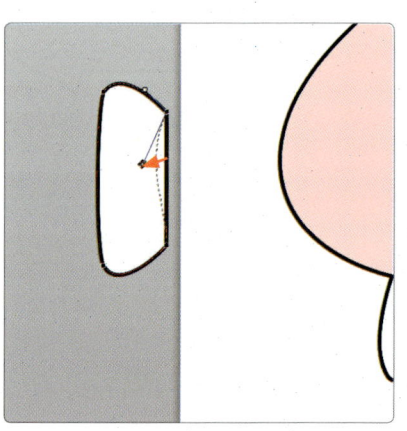
❸ 오른쪽 위의 검정색 사각형 조절점을 클릭한 후 아래쪽에 나타난 흰색 사각형 조절점 드래그

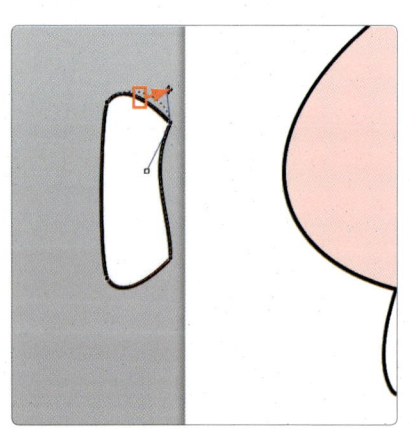
❹ 위쪽에 나타난 흰색 사각형 조절점 드래그

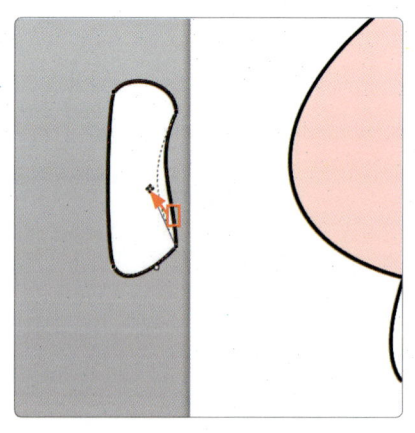
❺ 오른쪽 아래의 검정색 사각형 조절점을 클릭한 후 위쪽에 나타난 흰색 사각형 조절점 드래그

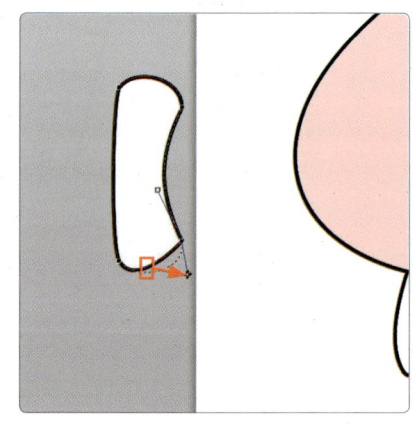
❻ 아래쪽에 나타난 흰색 사각형 조절점 드래그

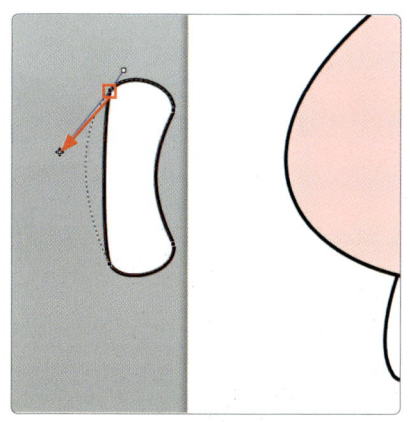
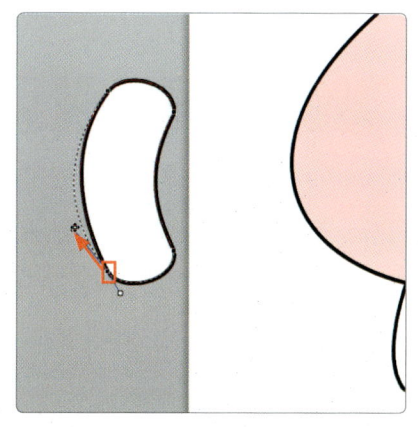
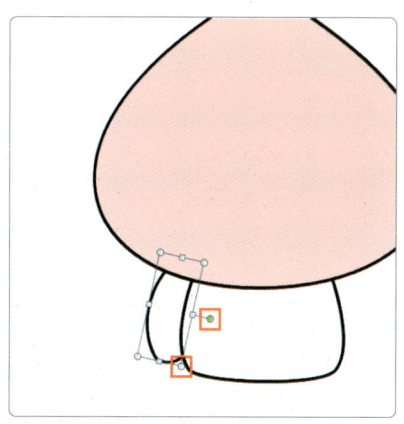

❼ 왼쪽 위의 검정색 사각형 조절점을 클릭한 후 아래쪽에 나타난 흰색 사각형 조절점 드래그

❽ 왼쪽 아래의 검정색 사각형 조절점을 클릭한 후 위쪽에 나타난 흰색 사각형 조절점 드래그

❾ 회전 후 크기 및 위치를 조절하고, 도형을 맨 뒤로 보내기

작품 완성하기

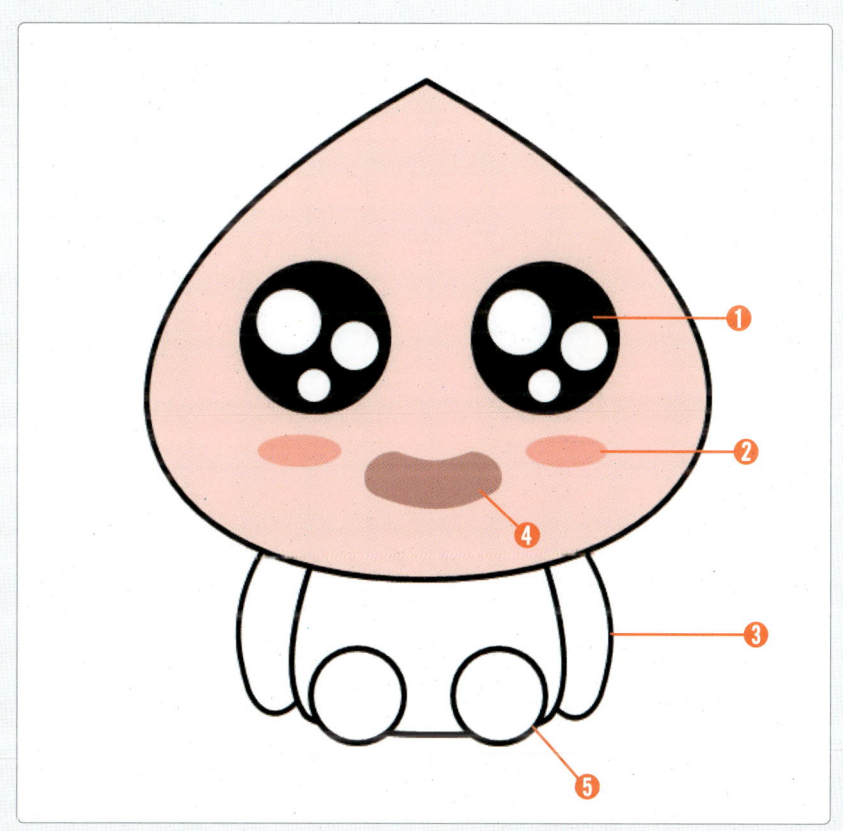

❶ 눈 : 기본 도형-타원(도형 복사)
❷ 볼 : 기본 도형-타원(RGB : 255, 175, 175)
❸ 팔 : 왼쪽 팔을 복사한 후 좌우대칭
❹ 입 : 팔을 복사(RGB: 217, 150, 148)
❺ 발 : 기본 도형-타원

CHAPTER 21 22

강아지 피규어 만들기

학습 목표
- 다양한 도형을 이용하여 피규어를 만들 수 있습니다.
- 도형 편집의 점편집 기능을 사용할 수 있습니다.

📁 **불러올 파일** : 강아지   💾 **완성된 파일** : 강아지(완성)

 완성된 슬라이드!!    완성된 요술작품!!

이렇게 만들어요!   **준비물** : 그리기 전용 요술종이, 유성 색연필, 페트병 뚜껑, 글루건

① 그리기 전용 요술종이의 거친 면에 유성 색연필을 이용하여 그림을 그린다.
② 요술종이를 오린 후 예열된 오븐에 넣고 굽는다.
③ 글루건을 이용하여 구워진 플라스틱 작품을 페트병 뚜껑에 붙인다.
④ 글루건이 마르면 작품이 완성!

※ 교재 맨 뒤쪽(부록)에 있는 도안을 이용하여 쉽게 따라서 그릴 수 있습니다.
※ 요술작품 만들기의 모든 과정은 위험할 수 있으니 반드시 선생님 또는 부모님과 함께 작업합니다.

강아지의 얼굴 형태 만들기

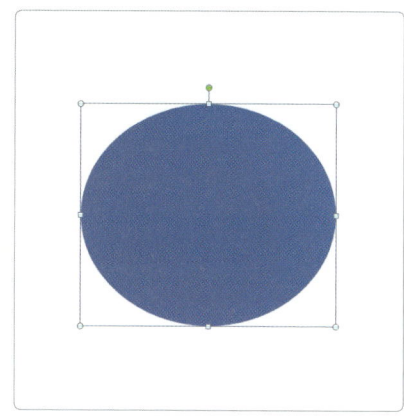

❶ 기본 도형-'타원'

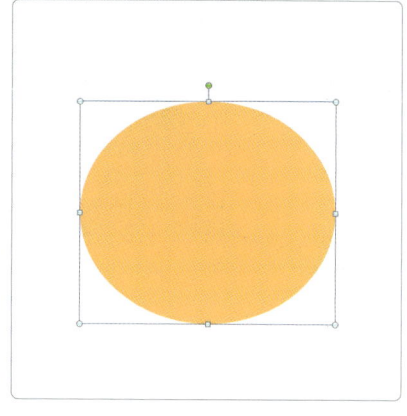

❷ 도형의 색상 변경(연한 주황색)
(RGB : 255, 204, 102)

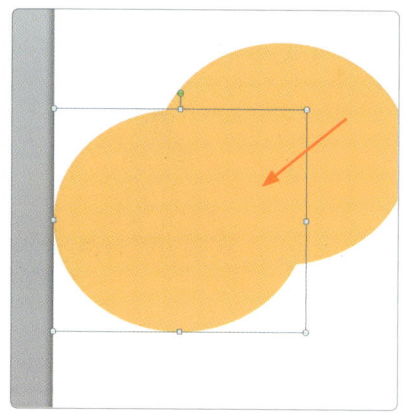

❸ 도형을 복사

❹ 복사된 도형의 색상 변경(살구색)
(RGB : 253, 234, 218)

❺ 크기 및 위치 조절

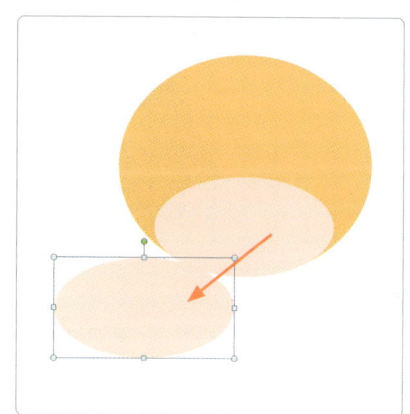

❻ 도형을 복사

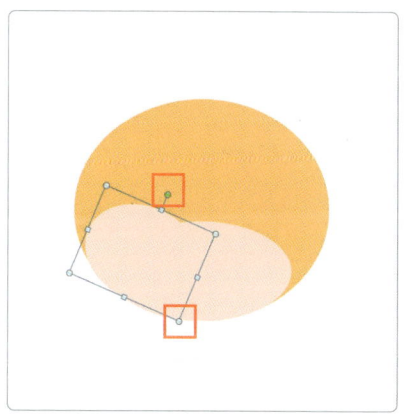

❼ 회전 후 크기 및 위치 조절

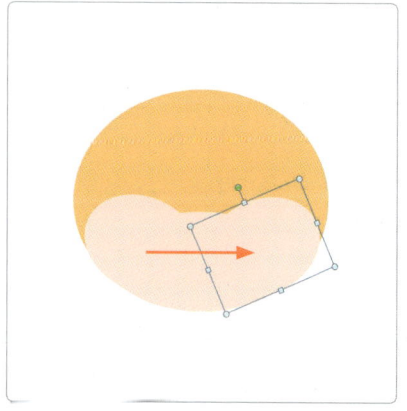

❽ 도형을 반듯하게 복사한 후 좌우 대칭

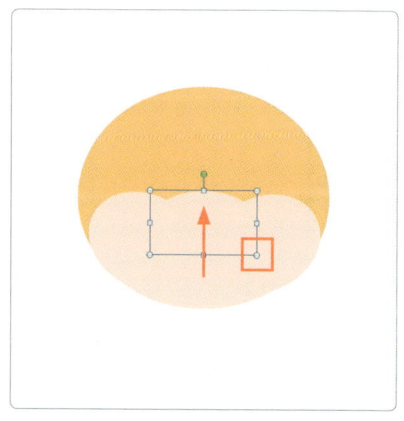

❾ 가운데 도형을 위로 복사한 후 크기 및 위치 조절

Chapter 21~22 강아지 피규어 만들기

 ## 강아지의 귀 만들기

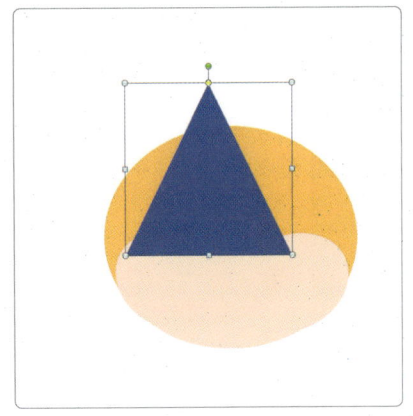
❶ 기본 도형 - '이등변 삼각형'

❷ 점편집 기능 실행

❸ 위쪽 검정색 사각형 조절점 클릭

❹ 왼쪽 아래에 나타난 흰색 사각형 조절점 드래그

❺ 오른쪽 아래에 나타난 흰색 사각형 조절점 드래그

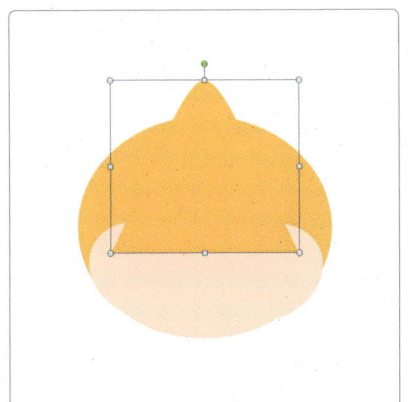
❻ 도형의 색상 변경(연한 주황색) (RGB : 255, 204, 102)

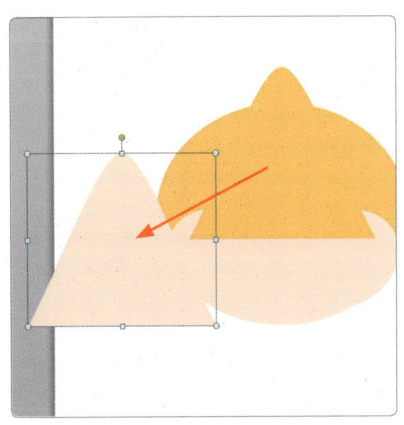
❼ 도형을 복사한 후 색상 변경 (살구색)(RGB : 253, 234, 218)

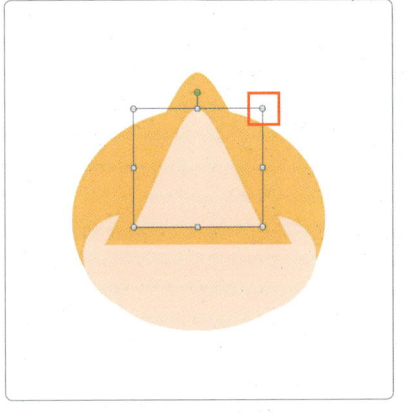
❽ 복사된 도형의 크기 및 위치 조절

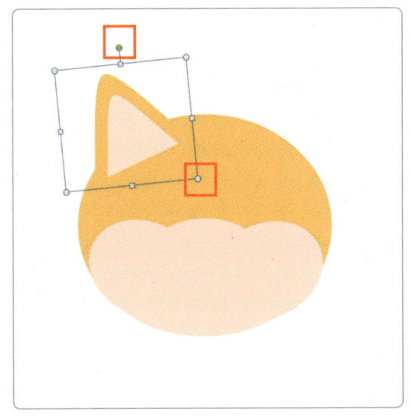
❾ 두 개의 도형을 그룹으로 지정하여 회전한 후 크기 및 위치 조절

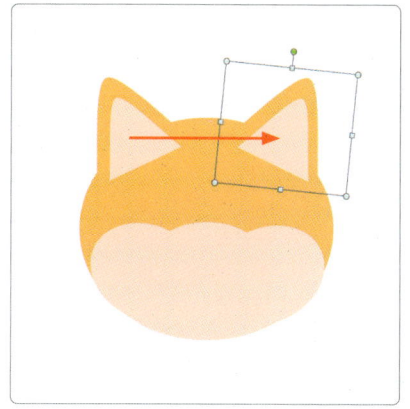

❿ 도형을 반듯하게 복사한 후 좌우 대칭

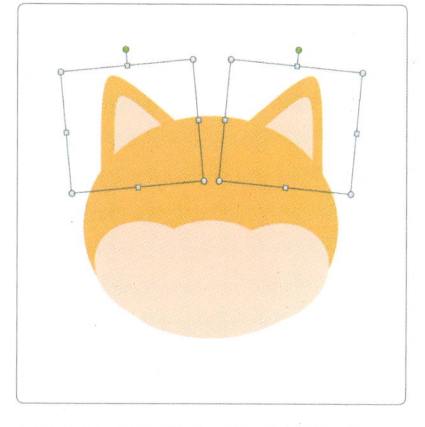

⓫ 도형을 각각 맨 뒤로 보낸 후 위치 조절

> **TIP** **Shift** 키의 역할
>
> **Shift** 키를 누른 채 도형을 선택하면 원하는 도형들을 한 번에 여러 개를 선택할 수 있습니다. 또한 **Shift** 키를 누른 채 개체의 조절점을 드래그하면 가로 세로 비율을 일정하게 조절할 수 있습니다.

작업 3 강아지의 몸통 만들기

❶ 기본 도형-'사다리꼴'을 넣은 후 점편집 기능 실행

❷ 왼쪽 위의 검정색 사각형 조절점 클릭

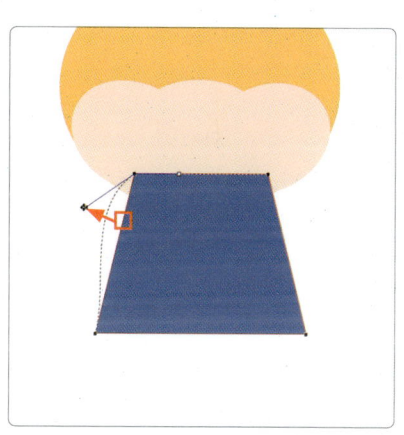

❸ 아래쪽에 나타난 흰색 사각형 조절점 드래그

❹ 위쪽에 나타난 흰색 사각형 조절점 드래그

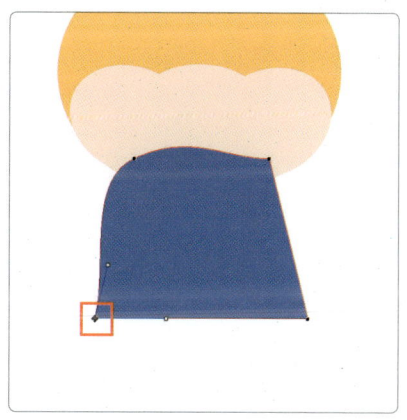

❺ 왼쪽 아래의 검정색 사각형 조절점 클릭

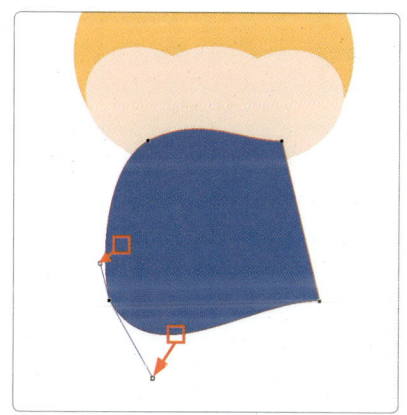

❻ 위쪽과 아래쪽에 나타난 흰색 사각형 조절점을 각각 드래그

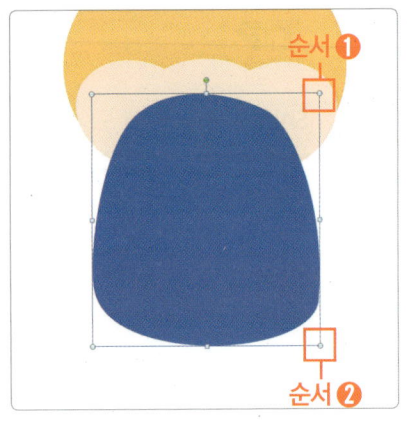
❼ ①~⑥ 작업을 참고하여 강아지 몸통의 형태를 완성

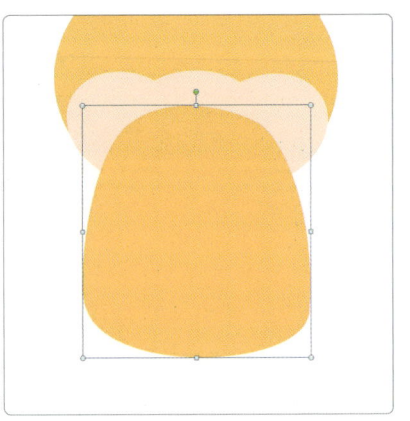
❽ 도형의 색상 변경(연한 주황색) (RGB : 255, 204, 102)

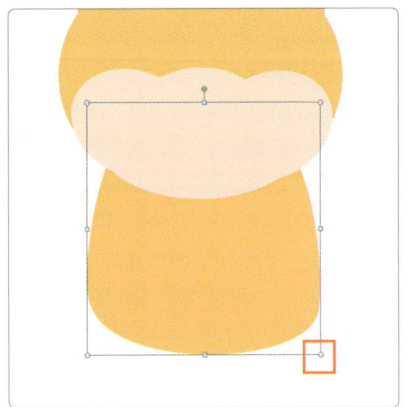
❾ 도형의 크기 및 위치를 조절한 후 맨 뒤로 보내기

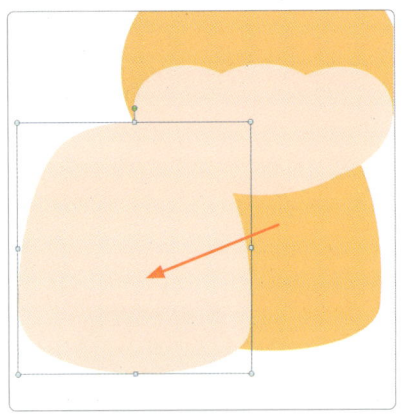
❿ 도형을 복사한 후 색상 변경 (살구색)(RGB : 253, 234, 218)

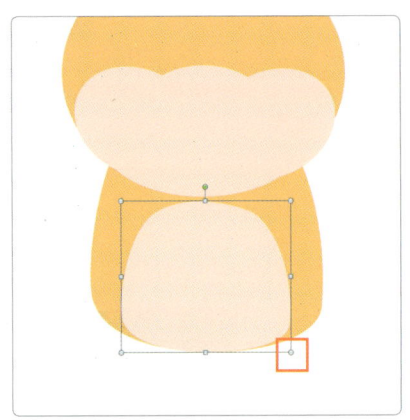
⓫ 도형의 크기 및 위치 조절

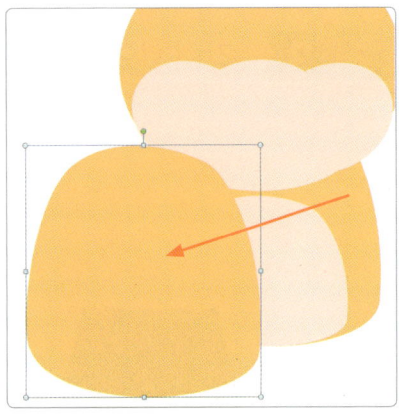
⓬ 몸통 도형을 복사

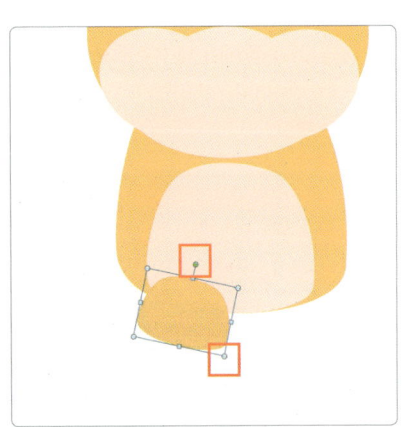
⓭ 도형을 회전한 후 크기 및 위치 조절

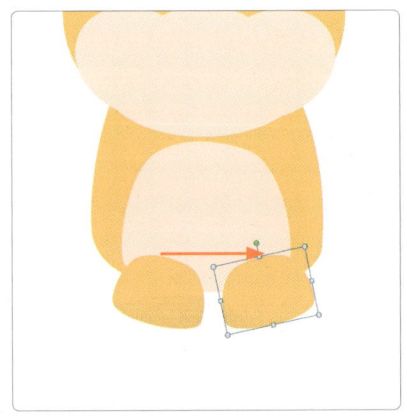
⓮ 도형을 반듯하게 복사한 후 좌우 대칭

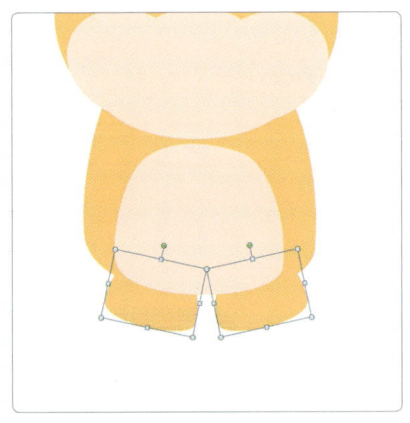
⓯ 도형을 각각 맨 뒤로 보낸 후 위치 조절

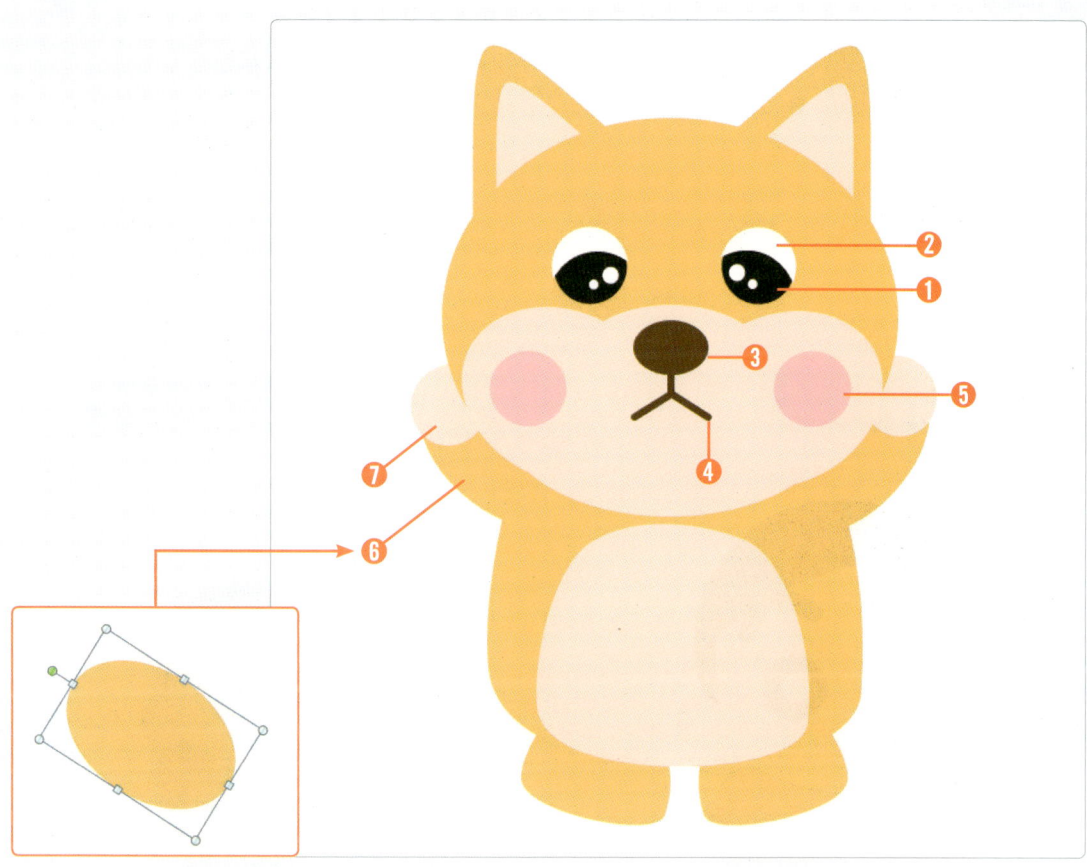

① 눈 : 기본 도형-타원(도형 복사)

② 눈꺼풀 : 기본 도형-달(모양 변경, 회전, 크기 조절)

   ※ 눈의 모든 도형(4개)을 그룹으로 지정한 후 복사(좌우 대칭)

③ 코 : 기본 도형-타원(RGB : 102, 51, 0)

④ 입 : 선-선(윤곽선의 두께를 조절한 후 선의 끝 모양을 원형으로 변경, RGB : 102, 51, 0)

   - 파포 : 마우스 오른쪽 버튼 클릭→[도형 서식]→[선 스타일]
   - 한쇼 : 마우스 오른쪽 버튼 클릭→[개체 속성]→[선]

⑤ 볼 : 기본 도형-타원(도형 복사, RGB : 255, 204, 204)

⑥ 팔 : 기본 도형-타원(회전 후 크기 및 위치 조절, RGB : 255, 204, 102)

⑦ 손 : 기본 도형-타원(도형 복사, RGB : 253, 234, 218)

CHAPTER 23 24

장구 피규어 만들기

학습목표
- 다양한 도형을 이용하여 피규어를 만들 수 있습니다.
- 도형 편집의 점편집 기능을 사용할 수 있습니다.

📁 불러올 파일 : 장구   📁 완성된 파일 : 장구(완성)

 완성된 슬라이드!!

 완성된 요술작품!!

이렇게 만들어요! **준비물** : 그리기 전용 요술종이, 유성 색연필, 페트병 뚜껑, 글루건

① 그리기 전용 요술종이의 거친 면에 유성 색연필을 이용하여 그림을 그린다.
② 요술종이를 오린 후 예열된 오븐에 넣고 굽는다.
③ 글루건을 이용하여 구워진 플라스틱 작품을 페트병 뚜껑에 붙인다.
④ 글루건이 마르면 작품이 완성!

※ 교재 맨 뒤쪽(부록)에 있는 도안을 이용하여 쉽게 따라서 그릴 수 있습니다.
※ 요술작품 만들기의 모든 과정은 위험할 수 있으니 반드시 선생님 또는 부모님과 함께 작업합니다.

 ## 장구의 얼굴 형태 만들기

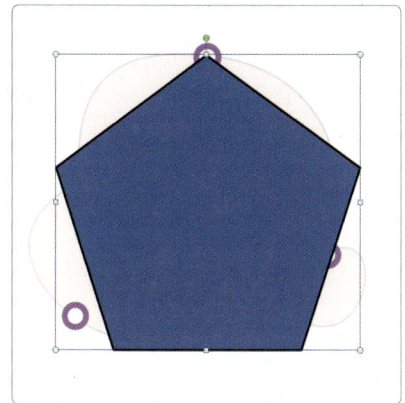
❶ 기본 도형-'오각형'

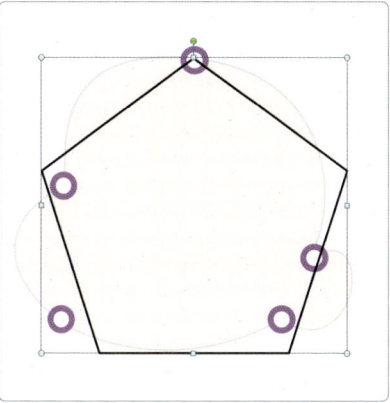
❷ 도형의 채우기를 없음으로 지정

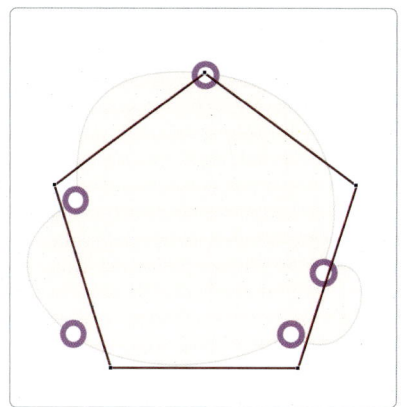
❸ 점편집 기능 실행

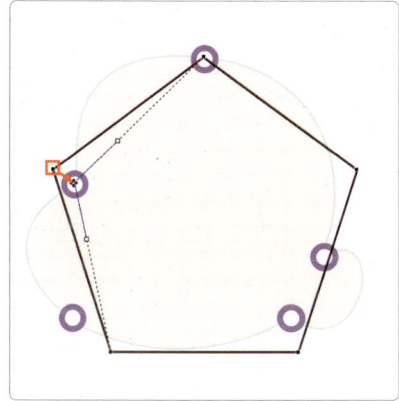

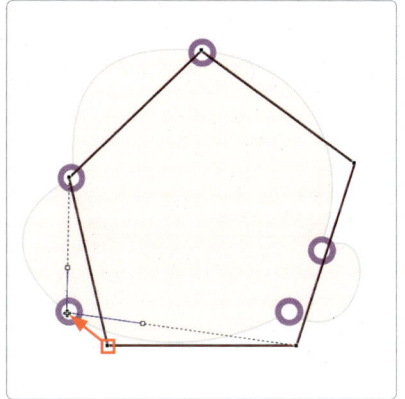

❹ 검정색 사각형 조절점을 그림과 같이 드래그

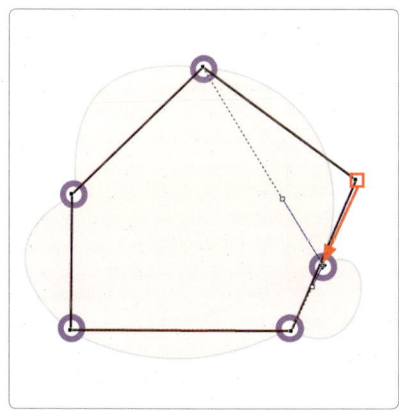

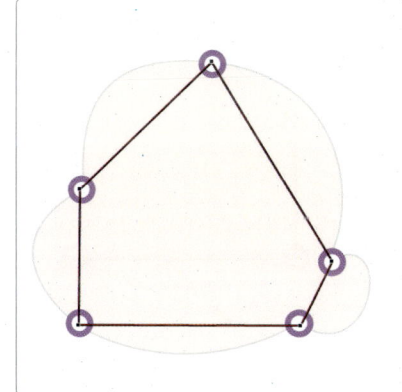

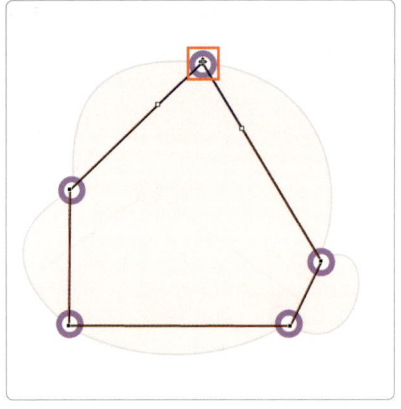

❺ 머리 위쪽 검정색 사각형 조절점 클릭

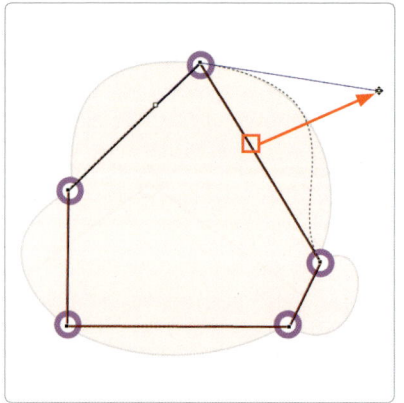

❻ 오른쪽 아래에 나타난 흰색 사각형 조절점 드래그

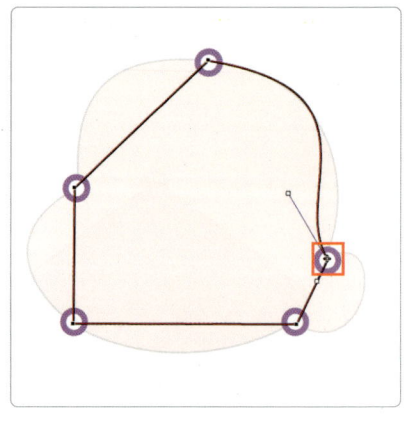

❼ 귀 윗부분 검정색 사각형 조절점 클릭

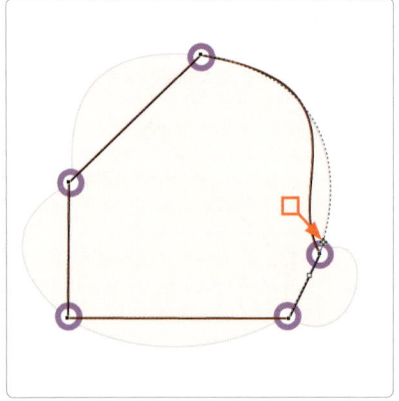

❽ 위쪽에 나타난 흰색 사각형 조절점 드래그

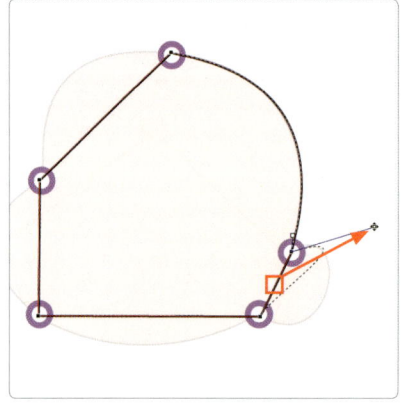

❾ 아래쪽에 나타난 흰색 사각형 조절점 드래그

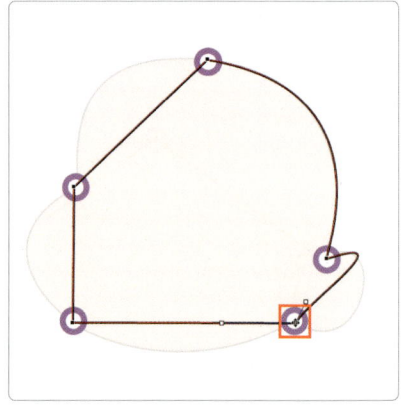

❿ 귀 아랫부분 검정색 사각형 조절점 클릭

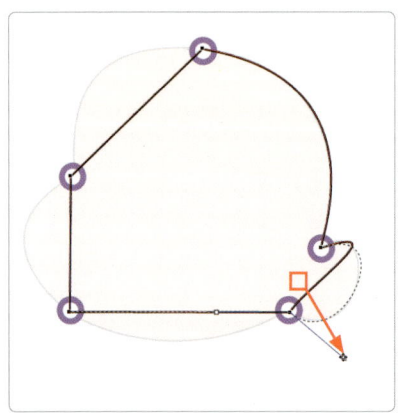

⓫ 오른쪽 위에 나타난 흰색 사각형 조절점 드래그

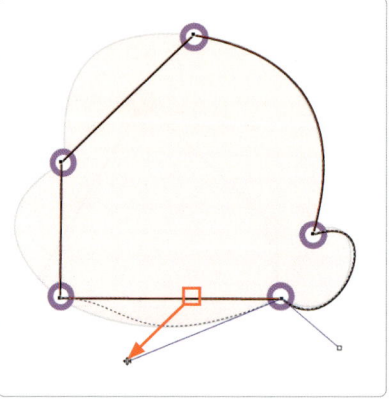

⓬ 왼쪽에 나타난 흰색 사각형 조절점 드래그

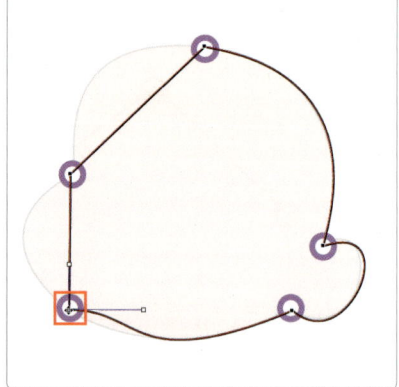

⓭ 왼쪽 턱 부분 검정색 사각형 조절점 클릭

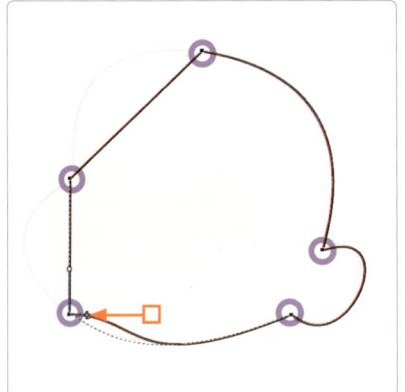
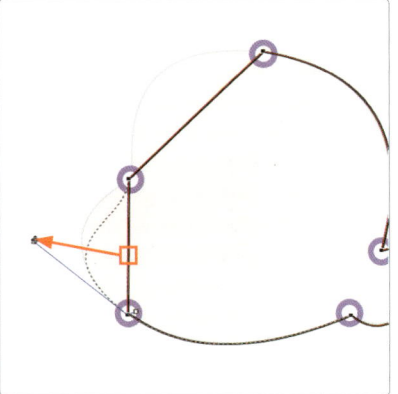
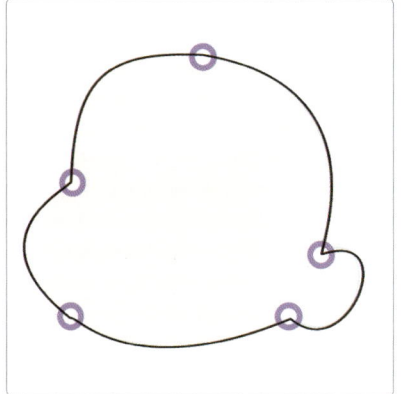

⑭ 오른쪽에 나타난 흰색 사각형 조절점 드래그

⑮ 위쪽에 나타난 흰색 사각형 조절점 드래그

⑯ ①~⑮ 작업을 참고하여 장구 얼굴 형태를 완성

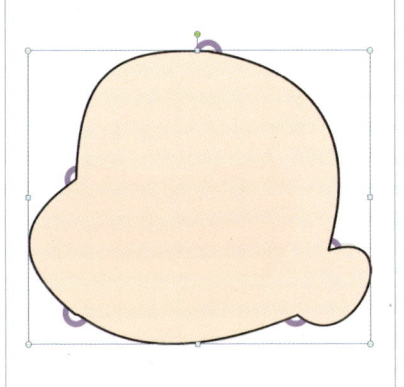
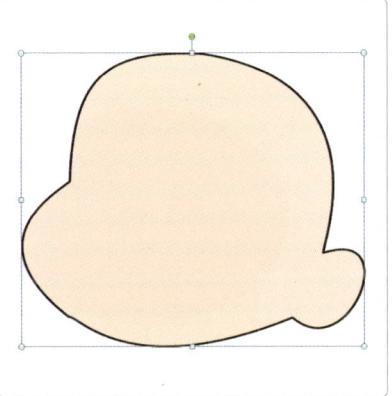

⑰ 도형의 색상 변경(살구색)
(RGB : 253, 234, 218)

⑱ 슬라이드의 배경을 하얀색으로 변경

⑲ 슬라이드의 위쪽으로 도형 위치를 이동

작업 2 장구의 몸통 만들기

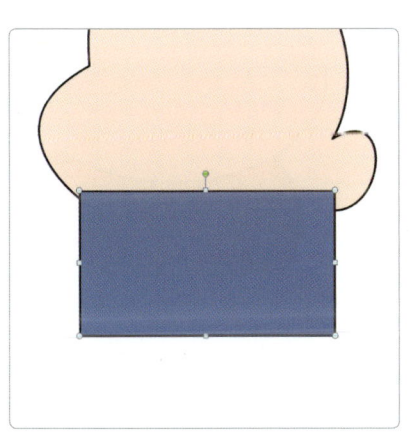
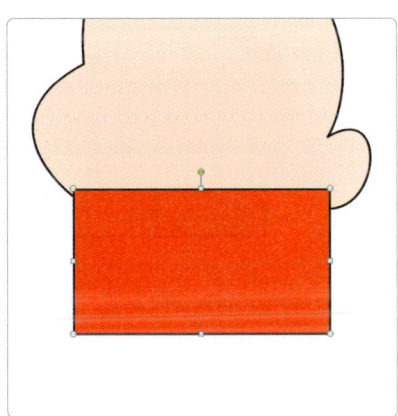
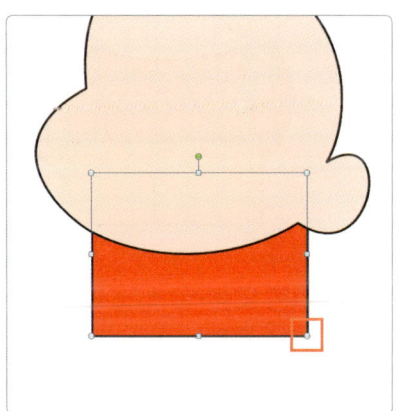

❶ 사각형-'직사각형'

❷ 도형의 색상 변경(빨간색)
(RGB : 255, 0, 0)

❸ 도형의 크기 및 위치를 조절한 후 맨 뒤로 보내기

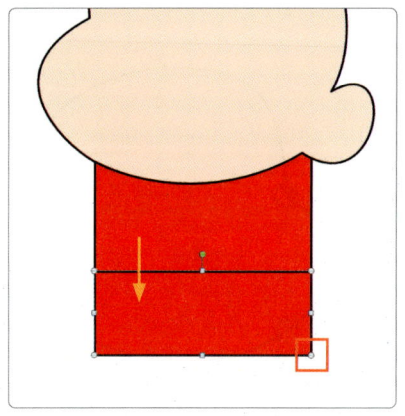

❹ 도형을 반듯하게 복사한 후 도형의 크기 및 위치 조절

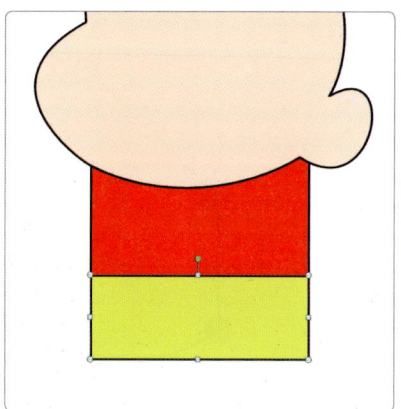

❺ 도형의 색상 변경(노란색) (RGB : 255, 255, 0)

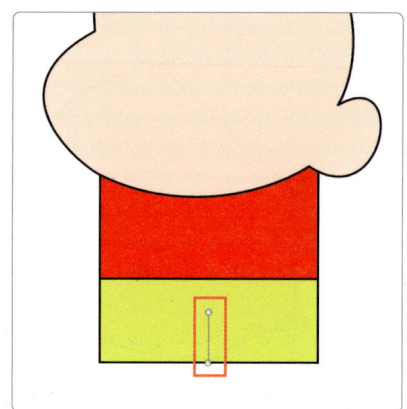

❻ 선-'선'

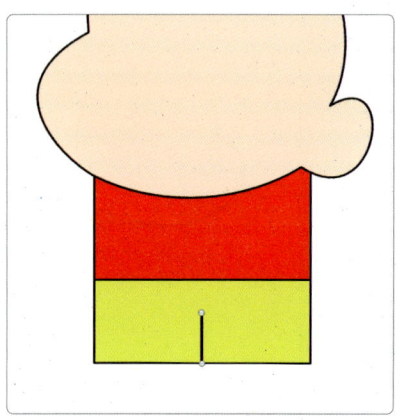

❼ 도형의 윤곽선 색상(검정색) 및 윤곽선 두께(3pt) 변경

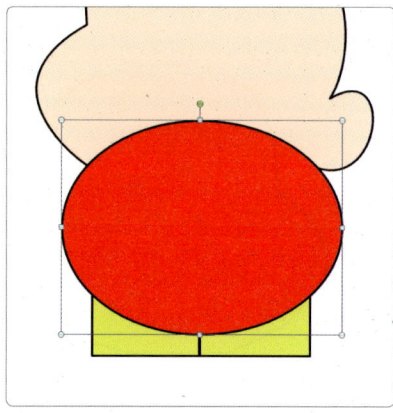

❽ 기본 도형-'타원' 삽입 후 도형의 색상 변경(빨간색)(RGB : 255, 0, 0)

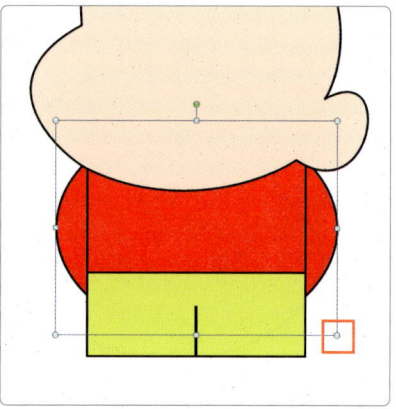

❾ 도형을 맨 뒤로 보낸 후 도형의 크기 및 위치 조절

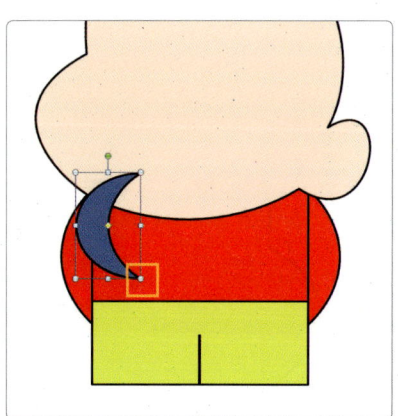

❿ 기본 도형-달 삽입 후 크기 및 위치 조절

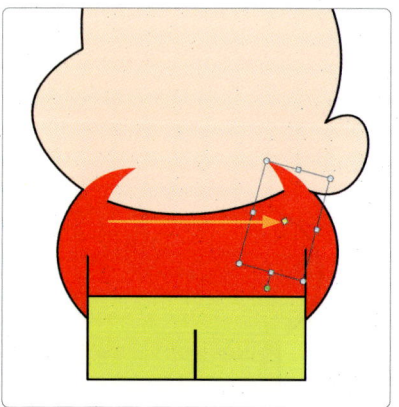

⓫ 도형의 색상(빨간색), 윤곽선(없음)을 지정한 후 복사(좌우대칭)

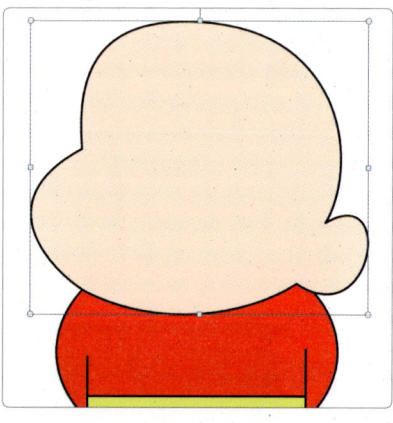

⓬ 캐릭터의 머리를 맨 앞으로 가져오기

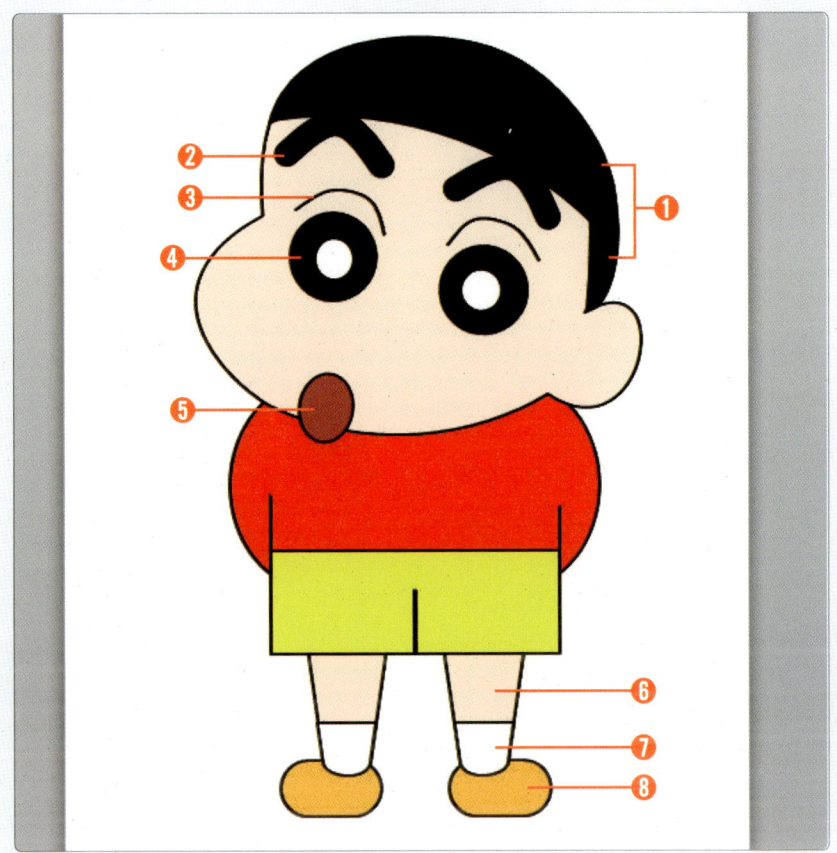

❶ **머리** : 기본 도형-달(모양 변경, 회전, 크기 조절)

❷ **눈썹** : 선-곡선(윤곽선의 두께를 20pt로 조절한 후 선의 끝 모양을 원형으로 변경, 회전, 도형 복사)

   - **파포** : 마우스 오른쪽 버튼 클릭→[도형 서식]→[선 스타일]

   - **한쇼** : 마우스 오른쪽 버튼 클릭→[개체 속성]→[선]

❸ **눈꺼풀** : 선-곡선(윤곽선의 2.25pt로 두께를 조절한 후 선의 끝 모양을 원형으로 변경, 회전, 도형 복사)

❹ **눈** : 기본 도형-타원(도형 복사)

❺ **입** : 기본 도형-디원(RGB : 192, 80, 77)

❻ **다리** : 기본 도형-사다리꼴(상하 대칭, 모양 변경, 크기 조절, 도형 복사, RGB : 253, 234, 218)

❼ **양말** : 다리를 복사한 후 점편집을 이용하여 곡선으로 편집(크기 조절, 도형 복사)

❽ **신발** : 사각형-모서리가 둥근 직사각형(모양 변경, 크기 조절, 도형 복사, RGB : 255,192 ,0)

memo

오리기 레이아웃

memo

www.magicpolymini.com ☎031-322-2772

아카데미소프트 요술작품 만들기 **교재출간이벤트**

"교재를 구매하신 모든 분들께는 특별할인쿠폰을 증정합니다."
쇼핑몰 회원가입후 마이쇼핑 > 마이쿠폰 > 쿠폰인증번호 등록하기에서
등록 및 확인이 가능합니다. 쿠폰등록 후 구입해주세요.

요술작품만들기 교재출간이벤트 **특별할인쿠폰**

매직폴리미니 잉크젯 30%	교재 뒷표지 안쪽에서
매직폴리미니 시트류 20%	쿠폰 번호를 확인하세요!!
매직폴리미니 프리컷 및 부자재 10%	

*요술작품 만들기 교재 출간 이벤트는 상황에 따라 변경되거나 종료될 수 있습니다.

매직폴리미니 **잉크젯** A4사이즈 (양면)-흰색

A4사이즈 잉크젯	5시트팩	10시트팩	50시트팩
권장가	₩16,000	₩30,000	₩140,000
30%할인가	₩11,200	₩21,000	₩98,000
장당가격	₩2,240	₩2,100	₩1,960

매직폴리미니 **시트** 레터사이즈-흰색.투명.샌디드.골드.실버

레터사이즈 시트팩	5시트팩	20시트팩	100시트팩
권장가	₩7,000	₩25,000	₩112,500
20%할인가	₩5,600	₩20,000	₩90,000
장당가격	₩1,120	₩1,000	₩900

매직폴리미니 **시트** 레터사이즈-픽셀아트-흰색.투명.샌디드

픽셀아트 시트팩	10시트팩
권장가	₩21,000
20%할인가	₩16,800
장당가격	₩1,680

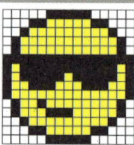

매직폴리미니 **시트** 중.소사이즈-흰색.투명.샌디드

중사이즈시트팩	50시트팩	소사이즈시트팩	50시트팩
권장가	₩23,000	권장가	₩15,000
20%할인가	₩18,400	20%할인가	₩12,000
장당가격	₩368	장당가격	₩240

매직폴리미니 **프리컷** 다양한 모양-흰색.투명.샌디드

별, 꽃, 하트, 타원, 원, 정사각, 코끼리, 말, 양, 토끼, 강아지, 사슴, 나비, 눈사람, 십자가, 태그, LOVE, HAPPY, 말풍선, 고래, 대두, 눈송이, 마트료시카, 크리스마스태그, UFO, 구름, 촛불, 3D동물원, 컬러링 만다라 6종 등 30여 가지 **다양한 모양의 프리컷**

프리컷	10장팩	프리컷 컬러링 만다라	10장팩
권장가	₩4,500	권장가	₩6,000
10%할인가	₩4,050	10%할인가	₩5,400
장당가격	₩405	장당가격	₩540

매직폴리미니 프리컷은 **안전해요.**

위험한 도구들을 사용하지 않아도 됩니다.
아이들이 만들다가 혹시 사고가 나지는 않을지 걱정이라면
매직폴리미니 프리컷. **사고를 줄여줍니다.**

매직폴리미니 **시트** A4사이즈-프로스트

A4사이즈 시트팩	5시트팩	20시트팩	100시트팩
권장가	₩7,750	₩28,000	₩127,500
20%할인가	₩6,200	₩22,400	₩102,000
장당가격	₩1,240	₩1,120	₩1,020

매직폴리미니 **시트**의 **색상비교**

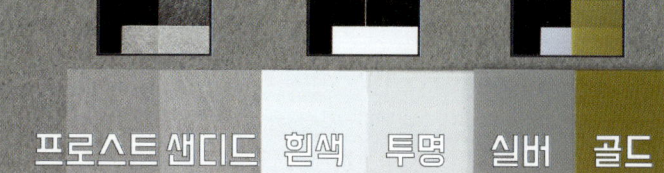

프로스트 샌디드 흰색 투명 실버 골드

매직폴리미니 프리컷은 **쉬워요.**

슈링크 플라스틱(필름) 시트를 자르다가 실수해보셨다면,
핸드폰 고리를 만드는 데 구멍을 뚫는 걸 잊거나 위치가
맞지 않아 다시 만들어 보셨다면 매직폴리미니 프리컷.
실패를 줄여줍니다.
그림을 그리고 오븐에 구워주기만 하면 완성
한정된 시간에 완성해야 한다면 매직폴리미니 프리컷.
시간을 아껴줍니다.

매직폴리미니 **부자재** 더많은 부자재는 쇼핑몰에

품 목	일자핀20개	금속책갈피	고무줄고리20개
권장가	₩1,000	₩800	₩1,200
10%할인가	₩900	₩720	₩1,080
개당가격	₩45	₩720	₩54

품 목	열쇠고리10개	말랑반지5개	고무자석60개
권장가	₩1,500	₩1,200	₩1,000
10%할인가	₩1,350	₩1,080	₩900
개당가격	₩135	₩216	₩15